实践教学改革与发展研究

高 旭 刘思维 孙立刚 ◎ 著

中国原子能出版社
China Atomic Energy Press

图书在版编目（CIP）数据

实践教学改革与发展研究 / 高旭, 刘思维, 孙立刚
著. -- 北京 : 中国原子能出版社, 2022.12
ISBN 978-7-5221-2567-1

Ⅰ.①实… Ⅱ.①高… ②刘… ③孙… Ⅲ.①高等学
校—教学研究 Ⅳ.①G642.0

中国版本图书馆CIP数据核字(2022)第241809号

实践教学改革与发展研究

出版发行	中国原子能出版社（北京市海淀区阜成路 43 号 100048）
责任编辑	马世玉
责任印制	赵 明
印　　刷	北京天恒嘉业印刷有限公司
经　　销	全国新华书店
开　　本	787mm×1092mm　1/16
印　　张	11.125
字　　数	222 千字
版　　次	2022 年 12 月第 1 版　2022 年 12 月第 1 次印刷
书　　号	ISBN 978-7-5221-2567-1　　　　定　价　76.00 元

前　言

  高等教育教学工作是人才培养的基本途径，人才培养质量与水平主要是通过教学工作的质量和水平来体现的。本书深入研究高等教育改革的核心，教学改革不仅是推进高等教育改革的重要着力点，也是提高高等教育质量的基本途径。高等教育教学改革就是要改革与现代经济社会发展和人才市场需求不相适应的人才培养模式、教学内容与课程体系、教学模式与方法以及教学管理体制机制，从而从根本上实现高校创新人才培养的目标。

  现代教育研究，尤其是教育政策研究，客观上需要转变教育研究范式，探索具有中国特色的教育政策理论体系与教育改革实践模式，需要聚焦教育领域综合改革的重大现实问题，破解当前教育改革难点热点问题，预测教育未来发展的前瞻性问题，服务国家教育决策，推进国家教育治理体系和治理能力的现代化，提高国家教育决策科学化与民主化水平。

  自改革开放以来，各行各业迅速发展，对人才的需求量也不断增多，推动了高校教育改革。目前我国高等教育经过多年改革，取得了一定的进展，但还存在很多问题亟待解决。

  本书从高等教育改革的背景与理论基础出发，对高等教育改革的目标与路径进行了详细的阐述与总结，并对实践教学的特性与价值进行了分析与总结，从专业建设、教学模式等方面对改革进行专业的探讨与研究，以及对高等教育人才培养进行多视角分析，最后对高等教育实践教学进行了展望。

  本书结构合理、内容全面、重点突出，以问题为导向阐述详尽，理论性和实用性强，可作为从事高等教育事业的教师和关心我国高等教育发展的人士的学习和借鉴资料。

目　录

第一章 高等教育改革的背景

在一定的时代背景下，总会产生引领时代的思想体系。习近平总书记关于教育的重要论述便是在顺应历史发展的潮流，继承马克思主义经典作家的教育思想、中国历代领导人教育思想和中国传统教育思想的理论基础上一步步发展并丰富起来的。自党的十八大以来，中国教育不断地发展，也面临着诸多的问题，迎接着诸多挑战。习近平总书记正确地判断教育发展的趋势，在优化教育条件、均衡教育资源、丰富教育模式、创新教育手段等工作中进行了深入的思考，使我国教育思想得到了不断的发展和完善。

特殊的历史时期、特定的时代背景可以说是伟大思想的摇篮。新时代中国教育改革理论是在知识经济时代的新需求、全面建设社会主义现代化强国的新要求、全面深化教育改革的新诉求、国际社会发展全球化的新使命等时代背景下形成并发展起来的。

一、知识经济时代的新需求

新时代中国教育改革理论是在知识经济时代的新需求背景下逐步形成、发展并走向成熟的。知识通过教育得到传播，知识的传播、继承、创新、再创造、再传播都是通过教育得以实现的。21 世纪是知识经济时代的，当今世界发展的主旋律必将围绕知识经济展开。

知识经济时代有利于教育的全面化、多样化发展，创新教育、终身教育、综合性教育等均处在发展的黄金时期。知识经济时代科学技术的发展离不开创新型人才的培养，各国之间竞争的实质是创新型人才的竞争。在这样的时代背景下，加强国家创新型人才的培养，增强我国创新教育，构建起具有中国特色的创新型教育体系，逐步形成以培养创新型人才为主体的教育环境，对于中华民族振兴、国家全面发展、社会稳定进步、经济持续增长、国力稳步增强等都具有重大的战略意义。

中国有句俗话，活到老学到老。在知识更新速度不断加快的知识经济时代，教育发展的终身化是时代对教育提出的新需求。无论国际还是国内都强调教育终身化的重要性，其中具有代表性的便是联合国教科文组织。如今，知识快速更新，社会发展加快，人们在学校里接受的教育已经不能满足社会发展的需求，这样的背景也给终身教育的发展提供了机遇。

知识经济时代促进了综合性教育的发展。21世纪，经济发展的方式是以知识型经济为典型代表，多个领域的发展逐步走向极度分化和高度综合化两个不同的方向，其中知识领域极具代表性。极度分化需要培养在某一领域内技术精湛、专业知识丰富的专业型人才，高度综合化要求人才能掌握多个领域的知识并能进行实际应用。时代对专业化人才和综合性人才的需求极大地促进了综合性教育的发展。

二、全面建设社会主义现代化强国的新要求

新时代中国教育改革理论是在全面建设社会主义现代化强国的新要求这一历史背景下形成并发展起来的。加快发展教育事业、加速社会主义文化建设是全面建设社会主义现代化国家的必然要求之一。

首先，全面建设社会主义现代化强国需要大量的人才支持。人才的培养是通过教育得以实现的，教育对于一个国家而言，其重要性不言而喻。教育是全面建设社会主义现代化强国的重要保障，人才队伍对于现阶段社会来说好比燃油与发动机的关系，有了人才的助力，社会才能源源不断地发展，全面建设社会主义现代化强国才有延续性。同时，通过教育，在经济快速发展过程中人们能更好地抓住机遇。此时教育能为国家的发展提供人才资源，为实现社会主义现代化建设助力，从人才方面持续地支持和保障全面建设社会主义现代化强国的实现。因此，只有发展好教育事业，将教育放在突出的位置，处理好学校教育和其他教育之间的关系，才能为国家培养出数量更多、质量更高的人才。

其次，全面建设社会主义现代化强国就要实现教育公平。扶贫先扶智，治贫先治愚。教育好下一代是防止贫困产生代际传递的良好路径，在全面建设社会主义现代化强国的过程中，实现教育公平具有两面性：一方面，要实现贫困地区脱贫进小康，社会就需要做到教育公平；另一方面，教育公平的实现可保障脱贫的长期有效。要做到教育公平，就要求我们在教育的全过程中做到真正的公平，这需要我们在教育数量上能够得到保障，在教育质量上能够有所提高。在保障基本教育、化解教育矛盾等方面要做到为民着想。只有从基础做起，才能有效保障我国教育事业的稳步发展。

三、全面深化教育改革的新诉求

新时代中国教育改革理论是在全面深化教育改革的新诉求背景下逐步形成、发展并走向成熟的。进入新时代的中国，在综合国力、国际地位、人民生活水平等方面都有了显著的提高，中国特色社会主义的发展迎来了一个黄金时期，我国在这些方面的变化都为教育事业的发展提供了良好的物质基础和发展条件。但是在教育事业迎来发展的机遇时，一些因素又在制约着它的发展进程，如人民群众教育观念需改变，政府部门对教育的重视程度、支持力度参差不齐，不合理制度的存在束缚着教育的发展，发展教育的基础设施缺乏，等等。

第一，人民群众教育观念需改变。在我国教育发展的进程中传统教育观念已经对人们的教育思想产生了根深蒂固的影响。在教育的发展过程中，教育主体长期接受的是应试教育，忽视了对于个人能力、道德素质、职业规划等方面的教育。这种做法对于实现人的全面发展是不利的，要想实现素质教育在这些方面就要做出一定的改变。

第二，政府部门对教育的重视程度、支持力度参差不齐。因政府部门对教育的支持力度参差不齐，发展教育的过程困难重重。同时在教育的发展过程中，区域间教育投入差异大、发展不平衡问题也很突出，农村地区教育经费明显低于城市，中小学教育经费低于高校，甚至在同一地区同一阶段的学校中重点学校教育经费也明显高于普通学校。

第三，不合理制度的存在束缚着教育的发展。目前在我国最重要的高考在有些地区还是实行文理分科方式，一些培训机构也是只注重学生某一方面的专业能力，这让学生的个性化发展受到了一定的阻碍，同时忽视了学生自由全面发展的发展理念，对于受教育者自身需求的满足也还不到位。另外，我国的教育个性发展不足，更多的是强调一种共性，与具体学校办学特色的结合、区域优势、办学地民风民俗等因素之间的结合不够密切。因此，我国教育要想更好地发展，必须从根本上进行改革，解决上述存在的不利于我国教育发展的问题。将教育改革作为全面深化改革的重点，促进教育更好更快发展。

四、新时代国际社会发展全球化的新使命

近年来，随着全球化进程步入新的发展阶段，世界各国之间的联系变得前所未有的紧密。但是由于社会制度、文化习俗、地域等差异的存在，各国之间的冲突和矛盾依然存在，人类社会的发展依然面临众多的困难和挑战。比如，在体现教育国际化最

为典型的学生国际化流动方面，存在不同的观点。一些西方国家已经在怀疑高等教育国际化是否正确，他们对本国毕业生就业机遇减少表示担心，对外国学生表现出排斥或歧视，并要求实行本国学生优先政策等。为此，需要认真结合不同国家或区域实际，进一步理解日益复杂的全球化正在或将如何改变教育国际化的背景，主动谋划国家与区域的高等院校机构应该在其中扮演的角色等重要问题。中国改革开放 40 多年来，通过不断地发展，综合实力不断增强，同时将在人类发展的历史长河中做出进一步的贡献。

从国际友好交流与合作的角度出发，不断推进人才培养的进程，实现新时代中国教育国际化。高等院校要依托"一带一路"倡议，让高等教育成为国际开放合作与全球融合的桥梁，使当今全人类的发展机遇得到充分的运用，加强高校学生的国际化教育，培养具有全球工作能力的国际型人才，这是实现全球互联互通的重要路径，也是构建人类命运共同体的重要保障。

特定的文化是对孕育它的经济基础及社会形态的直观反映。新时代中国教育改革理论的形成深受经济全球化、全球科学技术创新、教育全球化的影响。从全球范围来看，全球创新发展正在进入密集时代，第三次工业革命和第六次科技革命的发展正在使科技和人才在社会经济发展中成为最重要的影响因素，科技和人才俨然成为世界大国之间竞争的关键所在，科技创新带动社会发展已经成为共识。在发展的关键时期，多行业的技术创新影响范围越来越大，多学科领域的交叉融合不断取得新成果，这些技术创新、学科融合所积攒的能量正在以其特有的方式影响着世界的发展。我国身处世界发展的浪潮中，世界科技的发展和创新正在影响着我国，对我国综合国力的提高、中华民族的伟大复兴既是挑战，也是不可多得的机遇。尽管我国面临着国内人才不足、资源短缺、国外竞争激烈等重重压力，但我国也必须抓住第三次工业革命和第六次科技革命带来的发展契机，克服挑战，让知识创新驱动社会发展。

自改革开放以来，我国主要依靠投资、出口和消费这三驾马车拉动经济发展，但进入 21 世纪后，这一发展模式有待转变，经济的发展已经走向靠科技创新驱动为主。在 2008 年金融危机之后，经过十多年的发展，全球经济正在以缓慢的步伐恢复，但是气温升高、人口膨胀、食品安全、环境污染、贫富差距等全球性问题依然严峻。这些问题的解决需要全球各国共同努力、团结合作。因语言文化、风俗习惯等的区域差异，要把各国团结起来就离不开人才，通过人才这一纽带将各国联系起来，紧密团结在一起，共同应对发展带来的挑战。

五、对新时代中国教育发展的深刻反思

我国仍处于并将长期处于社会主义初级阶段，这是我国的国情，习近平总书记把"更好的教育"列为人民的期盼之一，在继承和发展马克思主义教育观的基础之上，做出了一系列具有前瞻性、实践性、科学性的教育论断，丰富了中国特色社会主义教育体系。至此，我国更应该坚持发展才是硬道理的战略思想，以经济建设为中心，以习近平总书记关于教育的重要论述为行动指南，全面协调推进建设"五位一体"总体布局，坚持科学发展，为早日实现中华民族的伟大复兴打下坚实的物质和文化基础。

从微观来看，推动教育制度创新是社会发展进步的一大原则。人才是推动社会发展的一大动力，有合理的规章制度方能孕育更多的人才资源。设计合理的规章制度的目的是在人才的培养过程中打造出"敬、识、留、聚"的成长环境。社会环境对于人才的培养、成长十分重要。一个进步的社会能提供良好的人才成长环境，好的环境会促进人才涌现；反之，则人才衰败。社会尊重人才、重用人才，人才得到重视，他们的才能得到施展，从而实现人人皆可成才、人人尽显其才。

在工作中，应注重识才用才。识才是用才的先决条件，用才是识才的关键所在。识才需要正确合理的方法，若做不好极易造成人才的流失。

在生活中，应注重优才留才。留住什么人才？怎么留住优才？这都是需要思考的问题。我国东西部之间的条件差异较大，不管是住房、交通还是医疗、教育，西部地区尤其是边疆地区和偏远山区都是不及东部的。在这样的现实条件下，要想留住人才，首先要为人才提供满足基本生活需求的物质条件；其次要创造出便于人才深造的教育条件；再次要重视优才，优化福利待遇制度，让能者有更高的福利待遇；最后还要注重人才成就感的实现，让他们发自内心地觉得在这里是能实现自身价值的。

在政策上，应注重引才聚才。引进什么人才？如何将引进的人才聚在一起？这些问题的解决都需要有基本的生活环境和良好的工作环境。而环境的打造是在政策引导的基础上实现的。所以在引才聚才的过程中，党和政府要加大和优化对人才工作的引导，健全相关的工作机制和法律法规。地方政府要因地制宜地开展人才工作，将优秀人才引进来、聚一起，通过政策的鼓励，激发出人才自身的活力与动力，让人才助力中华民族伟大复兴"中国梦"的实现。

第二章 高等教育改革的目标与路径

第一节 高等教育改革的目标

一、开展高等教育改革的原因和挑战

（一）开展高等教育改革的原因

事实上，在现行体制下，我国高等教育保持了长期的高速发展，即便放在世界高等教育史上，也算是创造了不小的"奇迹"。这种现象类似于我国的经济改革。根据国外有些经济学家的看法，我国的经济体制和市场环境存在诸多缺陷，理论上，中国的经济可能随时都有"崩溃"的危险。但事实上，从 20 世纪 70 年代至今，我国的经济发展不但没有崩溃，还取得了举世瞩目的成就，成为世界第二大经济体。当前我国高等教育改革与发展中的这种"悖论"，一方面反映了改革价值观的冲突，另一方面也提醒我们注意既有成功背后可能存在的隐患，正所谓"居安思危"。可以想象，教育改革可能不再代表工业化国家，将它们的价值观、经济以及职业结构运用于其他社会。将来的教育改革可能包括更多和更激烈的争论，这些争论是关于哲学体系的而不是技术的，是关于意义的而不是简单地掌握知识的。

对于高等教育改革，政府的逻辑倾向于加强外部控制，而大学的逻辑则倾向于增加学校自主权。这两种机制运作的空间相对独立，但最终会在某些特定问题上有所交集。改革有时就意味着要在政府的控制与大学的自治间达成某种平衡或妥协。若政府的控制完全遮蔽了大学的自主则不利于高等教育发展。需要注意的是，实践中不同的政府、不同的大学传统、不同的控制方法、控制的不同程度，对于高等教育发展实践的影响是不同的。高等教育的改革和发展既不可能完全依赖大学的自然演化，也不可能完全依靠政府的理性规划，而是外部的计划与内部的演化彼此结合、相互促进的结果。

　　回顾近几十年来我国高等教育的改革，应该说，成就与问题并存。若从近期来看，成就是主要的，但若从长远看，存在的问题也不容乐观。当前我国高等教育发展成就的取得主要得益于中央政府和地方政府的持续加大投入和重点建设，高等教育体制本身的优越性尚不明显。沿袭经济发展中省域竞争、县域竞争的改革逻辑，高等教育发展中围绕建设高等教育强国的战略目标，省（市）级政府大力推进建设高等教育强省（市），这对于深化我国高等教育改革和发展起到了至关重要的作用。多年来，在中央与省两级政府的主导下，我国高等教育改革一直倾向于加大投入和重点建设，偏好政治激励（行政级别）和财政激励。为了发展的需要，很多问题都被当成发展中的问题，认为随着高等教育的发展，问题自然而然会解决。《国家中长期教育改革和发展规划纲要（2010—2020年）》在"体制改革"部分虽提及"完善中国特色现代大学制度"，但其内涵仍主要是对现有体制合法性的再确认，而非致力于对既有体制的变革或创新。

　　对于我国来说，大学作为一种制度原本就是舶来品。外来的制度要适合本土的文化，剧烈的改造不可避免。有学者曾讨论了一个不断进化的"现代大学"观念对于塑造全世界高等教育制度的作用。他描述了这种认知图式如何受到美国现代大学形象的影响，这种特定高等教育形式在全球传播的过程中如何与当地文化、语言和关于"我们自己"大学系统的国家阐述发生冲突。高等教育发展中的国家模式和全球模式的力量对比在各个国家的表现形式是有所不同的。那些本土学术传统不足的国家与那些拥有长期学术传统的国家相比，前者所承受的集中于单一的、"世界"大学模式的压力更明显。经过一百多年的冲突和调适，当前我国高等教育体制"杂糅"了欧美、日本及苏联的经验，逐渐形成"党委领导，校长负责，教授治学，民主管理，依法治校，社会参与"等一系列制度。近年来，为实现建设世界一流大学和基本建成高等教育强国的中长期规划目标，参照经济改革中建立现代企业制度的成功经验，政府也将"完善中国特色现代大学制度"作为国家中长期教育改革与发展的战略任务。值得注意的是，我国经济改革中现代企业制度的成功得益于市场经济体制的完善，而当前在我国高等教育领域依旧是指令性的计划管理，在计划体制的框架下，大学改革的制度空间逼仄。对于高等教育的发展而言，所谓的特色应是其本身发展过程所沉淀的一种文化，而非人为赋予的某种口号或符号。对一个国家而言，建设世界一流大学和一流学科的主要标准应是"高水平"，只有在高水平的办学质量的基础上才有资格谈"特色"，而不能相反，直接把"特色"当成"高水平"的一部分，更不能本末倒置，直接将"特色"当成"高水平"。

一个国家的高等教育体制从具体院校的运行中可以表现出来。基于体制本身的计划性，当前我国高校的学科、专业、课程设置、招生数量与标准、办学层次、学位授予、教师招聘与财政拨款等诸多重大事项多取决于政府的计划性安排或行政授权，虽然不同时期具体的高等教育政策会有所不同，但根本的体制特征依然不变。自 1949 年以来，我国高等教育的发展在体制上就强调重点建设和层级化。无论是早期的重点高校、重点学科建设，后来的"211 工程""985 工程"建设，还是当前正在推进的"双一流"建设，倾向于"评优"而非"去劣"的体制一直是驱动我国高等教育改革和发展的内在动力。

教育是要为其他社会目的服务的，所以教育的理念亦将随社会目的的变化而变化。教育也是公共部门或政府职能部门的重要组成部分，因此教育的理念也会受到变化之中的关于政府职能的观点的影响。在现有体制下，高校是政府下属的事业单位，人们自然倾向把高校的人才培养和科学研究作为强国的手段，受到政治意识形态关于政府职能的观点的影响，高等教育系统内对大学自治与学术自由的质疑已经超越国家主义和自由主义、政治论哲学和认识论哲学的分歧，相信政府主导的政策驱动的改革可以促进高等教育发展已经成为这种体制唯一的"遗传密码"并受到大学决策系统、个人奖励系统与学术生态文化的共同驱动。大学基因得到了连续复制，因为每一位员工退休或学生毕业，继任者总是前任通过同一个标准甄选出来的。其间的运作方式不单取决于个人偏好，还取决于嵌入在遗传密码的体制流程中……其遗传趋势太过强烈。在课程计划、招生标准、教授晋升方面表现出的体制基因是自私的，属于忠诚地复制，甚至不惜以大学福利为代价伴随既有体制的不断循环，通过政府与大学间正式与非正式的强化和"共谋"，大学会不断地要求自己紧跟政府的政策导向，以避免错失改革和发展的机遇。

（二）开展高等教育改革面临的挑战

在早期，建立有中国特色的现代大学制度还被作为攻坚阶段我国高等教育体制改革的重点，但后来，现代大学制度建设就直接被作为了高等教育体制改革的"继承与发展"。事实上，现代大学制度建设与高等教育体制改革不在一个层面。体制是根本问题，制度是技术问题。根本的体制问题不解决，制度建设很难突破。当前我国高等教育体制的症结所在，就是计划在资源配置中起决定性作用。高等教育缺少显性的经济收益，高等教育体制改革面临和经济体制改革不同的初始条件。高校是非营利机构，其资源投入主要依靠政府财政，不像企业那样受市场竞争机制的直接影响而面临亏损、倒闭等问题，同时高校声誉和品牌的变化需要一个长期的过程。这种情况使高等教育体制的垄断租金长期维持不变，弱化了政府的改革动机。

自 20 世纪 70 年代末以来，我国的经济体制虽然有了根本的变革，基本上实现了从计划经济向市场经济的转型，但教育体制依然是计划性的。在计划体制下，政校间的界限较为模糊，大学与政府是行政隶属关系。经过长期的经营，当前的体制已接近于某种理性的优化，即相信体制会告诉我们一切。

近年来，得益于经济发展，政府对高等教育的资金投入不断加大，高等教育发展的成就也有目共睹，但暂时的成功有可能会掩盖政策的失误或改革的不力，以发展代改革甚至会成为教育行政部门的思维定式。巨大的政治激励和财政投入可以显著改进高等教育发展的数量和质量指标，但无法从根本上改变我国高等教育治理体系和治理能力的现代化水平。在改革的历史上，没有连续性，或是环环相扣的事件及制度。无论是预设的变迁或是正在计划中的改革，所有的案例对于社会计划都会有显著的修正，而这其中包含了我们无法预期到的发展与结果。

在现有体制下，由于重点建设效应的存在，部分院校的发展或许会有质的突破，若干所大学和一批学科也有望在预定的时间进入世界一流大学和学科排行榜的行列，甚至是前列；但我国高等教育系统作为一个整体，由于缺乏高质量的体制安排作为制度保障，高等教育强国建设仍面临严峻挑战。从教育的角度来看，要改革教育体系，需要很多努力，其中包括拿出最具感召力量的教育实践作为榜样示范，包括提供改革动力，也包括为了鼓励改革，推行变革而对旧体系的蔓延加以抑制。与个别院校的校内改革不同，整个高等教育系统的改革难度更大。单个院校的成功或许可以仅仅依靠资金驱动或政策倾斜，但整个系统的改进只能依靠解放思想和体制创新。当前我国高等教育体制改革裹足不前和思想的僵化不无关系。长期的计划体制使既得利益格局逐渐固化，利益的固化使新的思想观念很难进入政策议程。在改革的过程中，重要的是排除"惰性观念"，恢复人类丰富的思考力、感受性、判断力、创造力、表现力和道德。在旧的体制化的观念里，改革经常被假定为对利益和权力的重新分配，改革者与被改革者总是相互对立。

但事实上，重要的改变并不是权力和利益结构的变化，而是当权者将新的思想观念付诸实施。改革不是发生在既得利益者受挫的时候，而是发生在他们运用不同策略追求利益的时候，或者他们的利益被重新界定的时候。高等教育改革同样如此。在改革过程中，与利益和权力的重新分配相比，我们更加需要解放思想，以便于大学在体制上从"被改革"向"自主改革"转变。就像经济改革从计划体制到市场体制的转变不是削弱了政府的治理能力而是增强了国家的能力，高等教育改革从指令性的计划体制向自主办学、政校分开、去行政化的转变也只会增强国家的高等教育综合实力以及原始创新能力，而不会损害政府对高等教育的有效治理。

制度把个体记忆和我们的感知系统地引导到与它们所允许的关系相一致的结构中去。它们使本质上动态的过程凝固化并隐藏它们的影响，唤起我们的情感，使我们对标准化了的问题做出标准化的选择。作为对所有这些的补充，它们赋予其自身以正确性并把它们相互确证的链条散布到我们的各级信息系统。我们试图思考的任何问题都自动地转换成了它们自己的组织化问题。它们提供的解决方案只来自其经验的有限范围。除了人的体制化，对体制变革的抵触还源于人自身的不安全感，在既有体制下，有惯例可循，一切都是确定的。根据既有体制的逻辑，无论是政策的决策者还是执行者，对于应支持什么、反对什么、禁止什么、提倡什么，大多心中有数。一旦体制遭遇变革，不确定性必然会增加，所有人都将面对全新的制度环境，思维和行为方式都要重塑，不安全感会增加。其结果是，当新的制度或制度创新者不足以唤起足够多的支持时，对于体制变革的抗拒将不可避免，变革的失败也将是大概率事件。

我们所知的一切关于政策变化过程和实施过程的东西都倾向于警示改革带来的冲击。以一种持续的、有目的的方式改变已经完全建成的体制是非常困难的事情，而改革的结果也并非总是那些赞成者或反对者所预期的由于维持现状符合绝大多数既得利益者的利益及改革的偏好，当前我国的高等教育体制高度稳定，几乎没有抗拒者或反抗者。实践中，当计划本身不足以满足高等教育改革的合法性时，政府巨大的政治激励和财务激励随时可以填补高等教育改革和发展之间因果链的空隙。在高等教育改革过程中，人们最关注的是事情如何运作或如何才能运作得更理想，其预设的前提是现存体制的目标及体制本身是恰当的、合理的，我们所需要做的只是使其更有效率，即通过融入一种理性的或意识形态的策略以使现有体制更加完善。

当然，所谓计划性的弊端，只是就高等教育发展的一般规律而言；若就政府对高校的控制而言，则未必是弊端，反而是其优势。无论何时，改革的价值取向都与整个社会的核心价值观密切相关。计划的体制当然需要对高等教育实行计划管理。但若说我国高等教育改革不关注或不重视体制改革也是不正确的。早在1985年，中共中央《关于教育体制改革的决定》就针对扩大高校办学自主权从体制层面给出了改革方案并进行了持续探索。1993年，中共中央、国务院印发的《中国教育改革和发展纲要》又提出了要"逐步建立政府宏观管理、学校自主办学的体制"。之后，1999年中共中央、国务院出台《关于深化教育改革，全面推进素质教育的决定》；2010年又发布了《国家中长期教育改革和发展规划纲要（2010—2020年）》。2010年8月，"国家教育体制改革领导小组"正式成立。为方便开展工作，教育部还设立了"综改司"，负责承担国家教育体制改革领导小组办公室的日常工作，承担统筹推进贯彻落实教育规划纲要有关工作，研究提出落实教育体制改革的重要方针、政策、措施的建议，承担组织推进重大教育改革的有关工作，监督检查教育体制改革试点进展情况，承担教育体制改革宣传工作。

2017 年 3 月，经国务院同意，教育部、中央编办、国家发改委、财政部、人力资源和社会保障部联合印发《教育部等五部门关于深化高等教育领域简政放权放管结合优化服务改革的若干意见》，旨在瞄准高等教育改革发展中的学科专业、编制、岗位、职称评审、薪酬分配、经费使用等方面的深层次问题，进一步向地方和高校放权，给高校松绑减负、简除烦苛，让学校拥有更大的办学自主权。2017 年 9 月，中共中央办公厅、国务院办公厅又印发《关于深化教育体制机制改革的意见》，指出深化教育体制机制改革的主要目标是：到 2020 年，教育基础性制度体系基本建立，形成充满活力、富有效率、更加开放、有利于科学发展的教育体制机制，人民群众关心的教育热点难点问题进一步缓解，政府依法宏观管理、学校依法自主办学、社会有序参与、各方合力推进的格局更加完善，为发展具有中国特色、世界水平的现代教育提供制度支撑。

由此可见，在我国，政府对于高等教育体制改革的重视似乎是一贯的，成就也是巨大的。现在问题的关键在于，我们对高等教育体制改革似乎总是说得多，做得少；浅层变革多，深层变革少。由于体制本身的重要性被忽视，高质量的现代大学制度一直未能建立起来，有时反倒因为制度改革的合法性，导致人们对于体制改革本身多有批评。在改革方案提出之前，似乎也主张各种弊病的根源皆在于制度，然而当提出制度改革时，却认为改革制度也无济于事。实践中，现代大学制度建设不可能"单兵突进"，若没有更大范围的体制变革作为必要的配套，真正意义上的现代大学制度很难建立。现有体制下，大学与大学之间的竞争条款与评价标准由政府统一设置，大学能够做的就是根据政府的改革要求与政策导向，以制度创新的名义相互模仿并争取各自利益最大化。由于外部监控不到位以及大学自身自律性匮乏，任何一项良好的制度在被利用的同时，也会被滥用，而且越是良好的制度，其滥用时的危害就越大。此外，由于改革时机以及外部条件的不匹配，每一次制度变革不成功又会成为批评者的新"靶子"，进一步拉低了人们对下一次制度变革的预期。面向未来，除非我国高等教育体制改革真正落到实处，否则我国大学的制度建设或制度改革只能是围着"现代化"的概念"兜圈子"，而不可能在现代性的层面上取得根本性突破。

二、深化高等教育改革的目标

（一）建设优秀大学效应

在中国的语境中，由于受到革新传统的影响，"教育"和"改革"的含义逐渐被改造。无论"教育"还是"改革"都高度地泛化或被"污染"。由于行政权力支配社会，所谓的"教育"可能是"宣传"，也可能是"伪教育"；所谓的"改革"可能是"革新"，也可能是"伪改革"。当前之所以要重启高等教育改革，是因为改革出现了悖论，即改革的结果与改革的初衷相背离，高等教育改革不是为了高等的教育而是为改革而改革。改革有时变成了反改革。我们需要的可能正是我们所排斥的，我们宣传的可能连我们自己都不相信。比如，我们需要世界一流大学，改革的目的也是建成世界一流大学，很多"985 工程"大学也大力宣传世界一流大学建设的成就，但真实的改革结果却不尽如人意。随着时间的推移，一些"985 工程"高校在硬件设施和发表论文数量等方面迅速接近世界一流大学；但是在杰出人才培养和学术创新方面，即便与一些非世界一流大学相比，其差距也未见有明显缩小的趋势。重启高等教育改革就是要凝聚新的改革共识，澄清什么是真正的高等教育改革。真正的高等教育改革需要坚持高等教育自身的内在逻辑。

高等教育改革的出路绝不在于把更多的革新和改革引进高等教育系统。高等教育需要改革，但绝不是需要更多的或更新的改革，而是需要真的改革。当前对于我国高等教育系统中存在的问题，无论官方还是学界其实都有基本的共识，即我们的高等教育体制不改不行，高等教育体制改革刻不容缓。任何体制都是由人建立的，当然也要由人来完善或突破。既然决定了要改革，就证明僵化的体制总是要被突破，不是今天就是明天。无论哪个国家，高等教育改革若想取得显著成效都不能仅满足于为政治服务或一味地适应经济社会的发展需要，大学自治与学术自由是指引高等教育健康发展的黄金法则。

近些年，围绕着现代大学制度建设、创建世界一流大学和建设高等教育强国，我国高等教育的改革表面上看轰轰烈烈，但却始终无法通过所谓的"抖掉"策略，抛弃抑制并最终遏制学术创造力的那层坚硬而僵化的"外壳"。自 20 世纪 80 年代以来，我国高等教育改革一直没有能够建立起高质量的制度框架。现代大学之所以为"现代"，绝非一个时间概念，而是一个品质性的概念。现代大学制度意味着一种高质量的大学制度。由于官本位的框架和行政化的组织结构没有变动，在过度的经费支持下，低质量的制度安排在一次次改革中，为官僚的例行公事和权力寻租提供了便利。表面上看，新的事件层出不穷。然而，这种表面的流变下却掩盖着一成不变的常规。由于政府本身既是高等教育改革的发起者、设计者、推动者，又是高等教育改革成果的评估者和认定者，随着改革目标越定越高，级别越分越细，改革本身也越来越功利。

（二）优化社会软环境

社会组织中级别的划分原本只局限于政府部门，后来在单位制下大学开始具有行政级别，自 20 世纪 90 年代以来，"部级大学"的增多使行政级别问题凸显。近年来，我国高等教育领域级别导向式的改革越来越多。大学里，几乎所有重要事项都被分成若干等级——校长有级别、教授有级别、人才有级别、学科有级别、课程有级别、课题有级别、论文有级别，甚至学生也有级别。政府的相关改革大学的行政级别，还是对于教授分级以及其他人才项目或计划。现在问题的关键是，那些以级别为导向的改革目的达到了吗？副部级的行政级别有提高大学校长和教育部的"议价能力"吗？有提高大学的办学水平吗？一级、二级教授的头衔有提高教授群体的"美誉度"吗？各种不同级别的人才计划有改善我国建设世界一流大学的软环境吗？答案恐怕都是否定的。大学的或学术的价值不是行政级别或其他任何级别可以衡量的，如果用行政级别来衡量大学只会低估大学的重要性。学术职业的重要性也不是那些人才头衔和教授等级能够衡量的，大量地增加学者头衔和强行分级除了会增加教授之间的不满情绪、加剧学术的功利主义取向，不会有任何好处。如果在将来，政府将不再为人们所做的一切颁发这样的奖赏的话，那么伸出手来要他们的人也就会日渐稀少。

高等教育改革过程中过多的级别划分冲淡了大学的特殊性，缩短了学术职业和其他职业的距离。在行政级别的约束下，大学管理者的命运与那些在行政级别上高于他们的人紧密相连。他们现在的奖惩和未来的提升都取决于上级领导。由于有行政级别和单位制度作为桥梁，当前在我国政界与学界间还出现了"旋转门"现象。大学的地位原本应由大学相互承认，而不是由政府官员来裁决，教授的学术水平或社会地位原本由学术同行或大学来决定。未来我国的高等教育改革如果不能使大学与政府划清界限，如果连政府官员和大学的学者都不能真正地实现专业化，那么高等教育治理体系和治理能力的现代化就无从谈起。

我们知道，大学制度的质量是决定一个国家高等教育发展水平的关键，而政治状况和政治制度又决定了一个国家会有什么样的大学制度。在民族国家框架下，只有健康的国家才会有健康的高等教育系统。换言之，在我国，高等教育改革的限度来自政治体制改革。如果没有政治体制改革的推进，高等教育自身改革的瓶颈显而易见。未来如果集权式的高等教育管理体制没有根本性的变动，如果仍然只是不断完善中国特色的现代大学制度，而没有能够真正实现高等教育治理体系和治理能力的现代化，即便依靠人才引进计划在我国大学里偶尔产生了几位杰出人才，甚至是出现了获得诺贝尔奖的成果，依然不能改变我国大学在世界一流大学群体中相对弱势的地位，也不能证明我国已经成为世界高等教育强国。

阿西莫格鲁（Acemoglu）在探讨"怎样的制度安排可以使一国逐渐富强，而又使一国陷入贫困的陷阱而难以自拔"时提出了两个重要的概念：汲取性制度（extractive system）和包容性制度（inclusive system）。所谓汲取性制度，是指在此政治经济等一系列制度安排下，一小部分人获得利益是通过攫取其余绝大部分人利益的方式，而经济增长所带来的好处主要也被这样的一小部分人所占有；包容性制度则与此相对，在包容性的制度环境下，人们获得利益主要是与自身的行为相对应，经济增长的益处将会遍及社会上绝大多数人。自 20 世纪 70 年代以来，我国高等教育改革的制度框架基本上是"汲取性"的，即通过重点建设换取局部成功（少数学校或学科排名的上升），但掩盖了高等教育系统的整体性问题（原始创新乏力）。这种发展模式从短期来看，也许是有效的，但如果从稍长时间跨度来看，就会发现弊大于利。由于重点建设制度本身存在由政府设计并主导的"汲取性"的缺陷，高等教育领域的制度性寻租或权力寻租不可避免。某种意义上，重启高等教育改革的目的就是要避免由重点建设所造成"特殊利益集团"的尾大不掉和低水平大学制度的"被锁定"，通过建立一种包容性的制度框架和治理体系以实现高等教育系统的包容性发展。

第二节　顶层制度设计引领高等教育改革

一、顶层设计的提出

顶层设计（top-level design）是源于西方国家自然科学或大型工程技术领域的一种设计理念，意指在工程设计中，统筹考虑项目各层次和各要素，追根溯源，统揽全局，在最高层次上寻求问题的解决之道。这里所说的顶层设计，意义有所延伸，是指对于一个大的事业，能站在一个战略制高点，从最高层开始，明晰目标、优选内容和确定路径，加强宏观指导，使所有层次和子系统都能围绕总目标，产生预期的整体效应和效益，实现稳定、健康和可持续发展。

以更大决心和勇气全面推进各领域改革，更加重视改革顶层设计和总体规划，明确改革优先顺序和重点任务，深化综合配套改革试验，进一步调动各方面积极性，尊重群众首创精神，大力推进经济体制改革，积极稳妥推进政治体制改革，加快推进文化体制、社会体制改革，在重要领域和关键环节取得突破性进展的提出说明顶层设计已经成为国家工作的重要指导原则。

教育领域的顶层设计实质是从教育的国家利益和国家意志出发，对教育发展的总体目标、总体性质、各个层次、各个要素进行统筹设计，提出要求，落实路径，促使教育改革和发展目标的实现。近年来，顶层设计开始进入高等教育理论领域里，在高等教育政策制定、高校人才培养和战略规划等方面得到广泛运用。在"优先发展，育人为本，改革创新，促进公平，提高质量"20 字方针统领下，《国家中长期教育改革和发展规划纲要（2010—2020 年）》（以下简称《规划纲要》）对我国教育事业的总体战略、发展任务、体制改革、保障措施四个方面进行了通盘考虑，形成了涵盖教育改革发展各个环节的战略体系，这是从国家层面对我国教育事业进行顶层设计的典型案例。

贯彻落实《规划纲要》任务繁重复杂，必须加强顶层设计，全面规划部署，分步有序推进。也就是说，在今后的教育事业发展中，必须加强顶层设计，统筹规划，保证各项工作的健康发展和目标实现。

二、教育保障制度顶层设计的内涵

顶层设计概念源于自然科学和工程领域，意思是针对某个具体项目，运用系统论方法，从高端向低端展开设计、构想、规划的一种理念。这一理念在我国第十二个五年规划的建议中第一次被提出，自此这一理念赋予了政治和行政含义并被广泛运用到很多领域。

顶层设计理念注入高等教育质量保障制度的规划中，其所强调的是根据教育发展的需求和规律，结合教育宗旨及使命，对教育保障制度从高层开始进行总体的构想和设计，从而形成的一种制度范式，这种制度的创新基于教育资源的重新整合、教育管理理念与思想的创新、教育管理模式的重新构想、教育功能的重新定位。高等教育教学质量保障制度的特征应从以下几个方面来理解。首先，顶层决定。顶层理念源于制度从高端向低端的设计，顶层决定基层，顶层的科学设计是这种制度最基本的要求。其次，纵横关联。顶层设计理念与核心思想虽然来自制度高端，但所有的设计发端于对制度的总体安排与考量，教育质量保障制度的各维度、管理级别的各层次、设计执行的各时间段之间形成纵横交错的关联性，任何一个环节都不能离开其他环节而单独存在。各要素紧密关联，相辅相成。最后，可执行。设计具有层次性，制度的顶层设计须立足现实，根据实际情况，目标明确，程序简捷，强调可执行性和可操作性。

教学质量保障制度的顶层设计要从两个方面体现其精髓。第一，制度具有系统性。高校教学质量保障制度是一个完整的体系，在设计过程中应充分考虑学校、各学院、各科室之间的纵向管理，不同部门之间、不同学院之间的横向联系。每一制度的安排与执行都是自上而下，围绕核心目标有序展开。第二，制度具有完备性。教学质量保障制度的设计建立在高校教学目标诉求的基础上、理性规划学校要完成的目标与现有资源是否匹配的认识之上，通过实践性和逻辑性体现保障制度的完备性。近年来，顶层设计在高等教育管理中受到了越来越多的重视，这种理念也对教育管理工作发挥了很大的作用。

三、高等教育教学质量保障制度顶层设计的依据

根据管理学相关理论，一个组织在进行目标管理时，会依据一定的原则进行设计，其中 SMART 理论就是一个很有效的工具，这个理论分别由 Specific、Measurable、Atainable、Relevant、Time-based 5 个单词的首字母所构成，形成了一个完整的目标设计逻辑，在高等教育教学质量保障制度的顶层设计中，要结合这一理论依据，进行制度建设与创新。

（一）制度设计要明确具体

教育管理者在制定教学质量保障制度时，要用规范的方式表达教学质量要达到的标准。明确的目标是制度顺利实施的首要条件，管理者只有先把教学质量保障制度安排详细具体，实施者才能有的放矢，行为有所指，方向明确。比如，师资素质提升就是教学质量保障制度中的一个环节，教师得到怎样的提升才是师资队伍建设的成功指标？关于这一问题的制定就应该明确具体，例如教师一年内在核心期刊发表几篇文章，或者学生对教师教学水平的量化评分，都属于制度设计的具体指向。教育管理者在对教学保障制度进行设计时应注意目标设置要细分，有层次性，实施过程有步骤安排，衡量指标可量化，使制度的执行者和实施者能够清晰了解到自己所处的那个坐标内应该完成的任务和需要实现的目标。

（二）制度实施的效果要可量化

量化性原则是指目标的实现是否可以测量，即基于明确的目标，其实施效果是否可以用具体的手段进行衡量。量化管理建立在客观科学的数据基础上，是制度设计可

参考的重要依据。在具体实施中，目标是否实现，或者何时实现可以用数据进行分析与判断，而不是依赖于主观评价。如果对某高校的学生素质是否提高采取一定的量化指标进行衡量，那么大学毕业生创业人数比往年增加的百分比就显然是一个衡量指标，可以在一定程度上说明高校毕业生整体素质得到了明显的提升。在具体实施中，由于教育属于育人行为，不是每项指标都可以严格量化和测量，因此要遵循定量和定性分析相结合、制度的制定者和实施者衡量标准相一致的原则，使保障制度的实施得以顺利贯彻执行。

（三）制度执行要体现现实性

现实性是指目标的制定尊重事实，可以通过上级管理者与下级执行者的共同努力完成目标。如果目标的制定不切实际，或者是管理者一厢情愿的结果，就会给目标实现带来比较大的难度。在教学质量保障制度的制定过程中，管理者要充分考虑现实条件，考虑执行者的具体情况，必要时要征求执行者的意见和建议，使目标制定得更加合理，确保制度的顺利执行。在整个制度的制定过程中，管理者要充分体现民主与人性化，对于拟定的制度目标展开足够的调查研究和研讨，通过增加执行者的参与度以提升其工作积极性。

（四）制度目标之间的关联性

目标的关联性是指管理者所制定的不同目标之间的相关度以及目标与现有资源之间的契合度。目标的关联性决定了目标实现的意义，不同目标以及目标与资源之间关联度越高，目标实现的价值与意义越大，反之亦然。在教学质量保障制度的制定与设计过程中，要确保各项保障制度实施措施之间的联系、执行者的执行程序与目标保证内在一致性。同时，校园文化建设与教学质量提升之间也存在着很高的相关度，一个目标的实现对另外一个目标的实现有积极的促进作用。

（五）制度目标实现要有时限性

任何一个目标的实现都应该有时间规定性，否则目标的实现就会落空，一个没有期限的目标其价值是有限的。因此，教学质量保障制度的执行和教学目标的实现需要一个时间限制。教育管理者在制定教学质量保障制度过程中，可以按照月份、学期、学年进行设计，让执行者有计划地完成与实现。在具体制定中，制度的设计要根据目标的重要性排序进行，任务重、对工作影响大的目标应排在实施的前列；同时要设计完善的监督机制，对目标实施的过程进行有效跟踪与检查，以确保执行者的任务能够及时完成。

教学质量的提升是高等教育的核心诉求，教育管理者只有科学、合理制定保障制度，才能确保教学质量的提升和教学目标的实现。

四、高等教育教学质量保障制度的顶层设计

（一）立足现实，确保高校教育资源的制度安排

高校的制度设计要立足现实，根据学校现有资源、利益相关者诉求、社区需求、专业设置进行顶层设计。所有目标的制定和制度安排都应建立在对现有资源的充分调查与深入了解的基础上。在分析学校教学资源时，应考虑资源的维度与层次性。从教学者角度来讲，教学资源包括师资结构和教师素质、教师爱岗敬业的价值观和教学智慧的实践能力。从学生角度分析，教学资源包括生源质量和学生学习能力、对学习的热情和创新能力。从管理者方面来看，教学资源包括管理者的理念、高校领导者对学校发展的规划能力、校园文化建设能力、各种资源整合能力和领导者的制度设计能力。此外，学校建筑及风格、学校设施及设备的先进性、各种教学数字资源、学校与社区之间的互动关系、政府和社会的帮助及关注等也是学校教学所需的有效资源。在众多教学资源中，有些是重要的，对教学质量起着决定性作用，并决定着教育教学的发展方向，如师资实力和管理者价值理念；也有些起着次要的作用，但是在特定情况下也会转化为主要影响资源。因此，高校在对自身现有资源进行分类与制度设计时，既要考虑主要资源，也要重视那些有潜力的次要资源，以促进这些资源对教学的作用与功能发挥。

（二）回顾历史，促进教学体系设计的制度优化

高校教学资源是教学进行的必要条件，没有资源一切无从谈起。但仅仅具备了资源，没有教学制度和教学设计也是行不通的，因此除了确保资源的供给，还需要进行实施制度的设计与完善。首先，校园文化建设。校园文化是大学价值理念和大学风气的集中体现，是大学精神的外在表现。高校应从管理者到教学实践者，统一办学价值理念，注重学校的各项文化活动对校园文化的影响，形成良好的文化传承途径，以保证学生成为全面发展的人，对他们进行创新能力的启发与培养。其次，教学管理体制的优化。高校要充分体现大学发展的优越性，实施科学管理和教学体制的创新。通过制度提高教师和学生的积极性，保障各相关制度的逻辑内在关系，提高教学管理能力。最后，教学系统制度化。高校管理者在制度的顶层设计过程中，根据学校发展目标，鼓励教师创新，通过人性化管理为教师教学提供充分资源，让教师按照教学大纲设计课程的同时，兼顾教材的创新与知识结构的更新。互联网时代下，教学技术手段与教育发展形成互补，发挥技术在教育中所起作用的最大化，激励教师自我提升，为教师创造进修和学习的机会，通过提升教师素质达到教学质量的提升。

（三）展望未来，探究教育教学发展的制度创新

现代化教学保障制度的顶层设计是高校教育教学质量提升的有力支撑与坚实后盾，制度创新是教学发展的生命力所在。首先，建立全面质量管理体系。高等教育是一个系统工程，教育管理与制度设计也是一个完整的体系，任何环节的工作都离不开其他环节的支持，因此高校教学质量保障制度中设计应有整体概念与联系性。教学制度设计不仅体现在教学环节，还包括教育的外部环节（包括获得国家政策的支持、社区的参与、家长的关注、社会的重视等）。其次，建立以学生为本的教学理念。学生是教学的核心主体，现代教育者已经一致认识到，教学已经从以学科为主体和以教师为主体的模式转向以学生为中心的教学模式，这种理念的转变深化了教育者对于教学设计的思考，在这样的理念下，教师选择教材、进行课堂教学设计与进行社会实践时，能够从学生的角度出发，根据学生的实际条件进行制度的执行与教学的安排，从而获得了良好的教学效果。最后，先进的教学评价制度。教学评价要体现及时性与可量化性，形成全方位和多层次评价体制，学校与学校之间通过资源共享与教师交流实践以达到教师教学水平的提升与资源的择优。同时在信息时代背景下，还应加强国内高校与国际名校之间的交流与合作，通过多种机制的运行与多种管理模式的保障，推动我国高等教育教学质量的整体提升与有序发展。

五、民办高等教育政策顶层设计的策略

民办高等教育发展的顶层设计是一个复杂的系统工程，涉及各个方面的工作，在顶层设计中需要注意以下几个问题。

（一）科学论证，设定发展目标

发展目标是顶层设计的核心内容，它将规范和制约民办高校的发展性质、发展价值和发展空间。尽管顶层设计的字面含义是自高端开始的总体构想，但并不意味着"将一切问题推给顶层去设计"。顶层设计不是闭门造车，须有自上而下的权力推进和制度驱动，让各个利益相关方都参与进来，应该是一个充分吸纳公众参与、尊重民意、集中民智的民主过程。在民办高等教育发展的顶层设计中，要充分发挥"民办"的作用，集中举办者、管理者、所涉部门和社会各界的智慧，经过周密、详细论证，理顺各方面关系，凝聚各方面力量。现实中，民办高等教育发展的一些政策通常没有得到大部分民办高校的认同和响应，甚至激化了政府管理部门与民办高校之间的矛盾，根本原因就在于调查、研究不够，政策制定不透明，基层参与度欠缺。没有社会参与的顶层设计是欠科学的。很多决策表面上看似非常理性和科学，实际上脱离社会现实，不能

反映民办高校发展现实的需求，应以长期战略思维，全面、系统、综合地确定我国民办高校发展的价值、性质、空间和目标任务，明晰发展思路、进程和路径。

（二）实事求是，确定发展方向

如果说目标着重于"量的概念"，那么方向则是落实目标的具体路径。这里的方向主要是指要举办什么样的民办高等教育。是公益性的？还是营利性的？还是两者混合型的？如果是两者混合型的，那么具体比例如何规制？民办高校发展的方向在某种程度上决定着顶层设计的基本框架、实施路径、行动措施和发展策略。根据我国民办高等教育的历史发展阶段、文化传统，遵循与我国的教育制度改革方向一致的原则，顶层设计意味着政府要在未来的民办高等教育发展中真正担负起"舵手"的角色，主动担当，当好民办高等教育发展的"总设计师"。在高等教育转变发展方式、加强内涵建设、提高服务能力的背景下，我国民办高校也不能置身事外，不能沿着规模扩张、粗放发展的老路一意孤行，政府有责任做出决策，引导民办高校及时抓住机遇，转变方向，不断增强核心竞争力。

（三）统筹协调，着眼发展全局

顶层设计强调的是一项工程"整体理念"的具体化，也就是说，要完成一项大工程，就要通过理念一致、功能协调、结构统一、资源共享、部件标准化等，从全局视角出发，对项目的各个层次、要素进行统筹考虑。民办高等教育的顶层设计涉及国家许多部门、许多工作之间的协调。顶层设计的关键是制度层面的平衡。顶层设计具有设计的前瞻性、整体的明确性和具体的操作性，既要考虑理念的先进性，也要关注可行性，以便于"按图施工"，避免部门之间各自为政造成"工程"实施过程的混乱无序。为了顺利实施顶层设计，需要建立专门的设计机构。从实践来看，成立由中央政府直接领导的民办高等教育政策领导协调机构有利于从全局把握发展的进程，以便强化决策机制，做好总体部署，对所涉及的各方面政策实施具体、统一的协调，使决策机制更加统一有力。

（四）突出重点，扫除发展障碍

顶层设计要在重点领域和关键环节有所突破，除了要在蓝图设计、制度平衡、政策协调性、战略性调整等方面取得实质性突破，一个基本的改革着力点就是要破除制约发展的体制机制障碍和解决社会的深层次矛盾。换句话说，就是要解决制约民办高等教育发展的"短板"问题，促进民办高等教育的健康和可持续发展。要依法落实民办学校、学生、教师与公办学校、学生、教师平等的法律地位，保障民办学校办学自主权，清理并纠正对民办学校的各类歧视政策，制定完善促进民办教育发展的优惠政策。对具备学士、硕士和博士学位授予单位条件的民办学校，按规定程序予以审批。建立并完善民办学校教师社会保险制度。这些问题既是民办高等教育发展中的短板问题，制约着民办高等教育的健康发展，又是制定民办高等教育发展政策中的重点问题。在实际的管理过程中，公办高校与民办高校之间享受着不同的政策待遇。在当下民办高校发展中，对产权制度、分类管理、发展空间、财政资助和办学自主权等方面的问题反映比较突出，久悬未决。顶层设计中应该理顺关系，明确方向，重点突破，推进各项政策的落实，创设民办高等教育良好的发展环境，充分发挥民办高校在整个高等教育事业发展中的积极作用。

（五）研究路径，落实顶层设计

顶层设计的最终目的在于落实，再好的设计没有落实的路径都会成为"空中楼阁"。纵观我国民办高等教育发展的基本历程，存在着政策落实不到位、问题解决不彻底以及存在历史遗留问题的现象，转换一个角度分析，实际上存在着缺乏政策路径以及顶层政策没有落实到位的现象。例如，《中华人民共和国民办教育促进法》和一些政策制定之所以没有办法实施，关键在于没有考虑好实施的路径。类似情况在民办高等教育发展政策、规定和实施中并不少见，制定顶层设计政策应该对实施路径与对策进行通盘考虑与优化。因此，在顶层设计中，必须高度重视实践路径，分析相关要素，制定实施政策、细则和方案，确保顶层设计得到全面落实。

第三节　高等教育新型智库助力高等教育改革

智库是由各领域的专家组成的研究型团队，也被称为"智囊团"，可以为决策部门提供具有战略性的建议。智库可以为决策起到参谋作用，因此是推动社会发展的重要力量。在教育改革的推进中，国内高校推出了相应的教育智库，对教育改革起到了推动作用。

一、教育新型智库推动高等教育改革的必要性

教育智库是当前深化教育改革的产物，实现了与时俱进，可以对教育改革起到推动作用。社会发展方式发生了很大的变化，因此教育需要结合时代的发展，把握新常态，明确发展方向，满足时代发展的新需求，明确发展使命。教育要有新定位，拥有新思维，采用新机制。因此，智库要有新内容与新方法，实现新作为，符合社会的发

展趋势。高校教育智库具有人才丰富与学科齐全的优势，因此发挥资源优势可以对教育改革起到推动作用。高校教育智库要分析、研究教育改革的战略、规划、法规等多方面的内容，为教育政策的实施提供具有价值的建议，要立足于高校的发展，突出高等教育的长远发展，依据教育的发展规律加以合理规划。高校教育智库要发挥职能作用，推动教育改革的深化。

推动高等教育改革是教育智库的职能所在。依据国务院出台的《规划纲要》，教育改革要保证规划的科学性与前瞻性。对于决策程序要保证规范化，教育政策在实施前需要多方面征求意见，借助咨询委员会完成改革措施的论证，以保证教育决策具有科学性。依据教育部出台的"高校智库推进方案"，要求高校教育改革要发挥智库的作用，针对教育发展加以研究，以实现建言献策的作用。因此，高校要注重教育智库的建设，发挥资源优势，为教育改革提供配套的服务，以实现智库应有的作用。

另外，高等教育改革需要保证政策的适用性。从 20 世纪 70 年代开始，高等教育原先采用精英路线，服务于国家经济建设发展，培养了专业化人才，弥补了人才短缺现象。21 世纪后，高等教育办学方式发生了很大的变化，从原有的精英教育转变为大众教育。高等教育的发展模式有了很大的变化，导致高校快速发展，高校数量快速增长，办学规模不断扩大。但是由于快速发展，高等教育的整体质量发生下滑。这也导致了高等教育改革进入攻坚期，由于改革涉及多方面的内容，影响面大，存在很高的关联度，需要解决高等教育中存在的深层次矛盾，因此改革难度很大。许多问题涉及不同的部门职责，政策需要保证配套，需要调整各方的利益，原有模式下的单项改革已难以保证效果。由于改革难度增大，需要发挥教育智库的作用。

二、高等教育改革需要教育智库

（一）高校教育改革中智库具有前瞻性

任何改革措施如果要保证顺利实施，需要有清晰、明确的目标，对于高等教育改革来也需要有目标，以保证高等教育改革可以收到很好的效果。当前社会的发展速度不断加快，因此相应的改革周期同步在缩短。在社会发展复杂性的背景下，高等教育如果要把握未来的发展趋势存在更大的困难，未来的发展增加了很多不确定性。而高等教育位于教育体系的顶部，不仅是传播知识的场所，也是推动科学技术发展的主力军。因此，高等教育需要智库，以保证改革具有前瞻性。

（二）教育智库可以成为高等教育改革的参与者

在当前的社会发展中，公共事务的决策既要保证科学性，还要体现民主性，这也是社会进步的重要体现。高等教育需要考虑社会不同群体的利益，引发社会的共同关注。随着社会治理体系的发展，决策不能采用特权的方式，还要保证民主性。而智库由于具有先天的优势，可以为改革提供多方面的参考意见，智库的参与可以保证改革更有方向性。

（三）智库可以监督高等教育改革的进行

决策只是保证预期目标实现的基础，因此教育决策只是教育改革的起步，而为了保证政策目标顺利实现，需要保证政策的执行效果。教育改革在推进中存在很大的难度。

教育领域要实现改革需要突破许多障碍，因此这个过程充满了复杂性。教育改革的历史说明，改革难以达到预期的效果主要由于缺乏监督者，出台的政策难以保证落实。因此，高校的教育改革需要有监督者，而智库具有这方面的先天条件，可以监督改革的过程，以保证改革的效果。

（四）智库可以评估高等教育改革的成果

改革的效果需要借助评估结果得以体现。教育改革出台政策后，政策的效果需要借助评估来体现。评估可以反映改革是否达到了预期目标，体现出政策的利与弊，可以为后续的政策出台提供改进意见。在原有的模式下，对于改革的评价过于简单，选择的评价指标难以保证科学性，难以真实体现改革的效果，而智库由于具有学术上的优势，智库参与评估，可以保证评估更具科学性，可以基于专业视角发现改革中存在的问题，因此可以对改革的发展起到推动作用。

三、高校智库发展回顾

智库建设是高校服务社会的一个方面，是在高校建设的基础上生发出来的一种新型科研组织和功能，其本身也可以反哺和推动高校整体的发展。因此，在我国社会转型的关键期，如何建设好高校智库，处理好高校智库建设中的各种问题，为中国共产党和政府的科学决策提供强大的理论支撑是当前高校的重要课题。

四、高等教育改革发挥智库作用的路径选择

（一）保证政策的方向性

教育智库在基础理论研究方面具有优势，可以保证建议基于宏观视野，可以为高等教育改革的未来发展提供科学理性的预测分析，因此有利于保证政策的方向性。教

育智库可以发挥基础导向作用，保证高等教育改革的发展趋势。借助智库还有利于改革结合我国的教育实际，保证教育改革的顺利进行。通过教育智库可以扩大视野，拓宽思维路径，主动思考教育的未来走向，以保证研究样本具有参考作用，以更好地发挥政策的引领作用。智库的研究要基于独立性，保证研究成果更具创新性，要主动作为，保证资政报告的高水平，保证建议内容可以引起决策层的注意。当前高等教育改革要对制约问题实施破冰，针对热点与难点问题要有"破解"措施。

（二）协调改革的不同利益群体

高校教育智库涉及不同的利益群体，因此需要协调不同群体的利益。教育改革需要相应的组织形式，需要配套的管理体制。改革是推动教育发展的动力。教育智库提供的策略也要保证形式多样，组织形式要保证结构合理。教育智库针对改革管理要分析不同部门的职能，明确相应的职责，要依据权责对等的原则，实现不同利益群体可以保证属地管理与归口管理的效果，保证管理责任得到落实。教育智库的建议要保证建章立制的效果，要从立好规矩的角度出发，制定清晰的管理措施，推动教育改革符合社会的发展趋势，在未来的教育改革中可以发挥改革方向瞭望者的重要作用。

（三）保证改革的效果

高等教育改革发展的出发点是要保证发展质量，改革要基于可持续发展，要有综合措施。原有模式下的高校智库产生的研究多趋于理想化，研究成果多采用文献的方式通过刊物发表。由于存在功利性的影响，研究成果难以保证实践性且难以被决策层所采纳。智库的本质是实现思想服务，为决策层提供咨询，因此高校教育智库要对现有的资源加以整合，保证研究领域的针对性和研究成果的实用性，争取在教育领域拥有更多的话语权。

高等教育改革涉及多方面的问题，因此需要统筹安排，科学推进。教育智库在人才资源与智力引导方面具有突出的优势，可以成为教育改革的推动力。高校要意识到教育智库的重要作用，意识到教育改革中需要借助教育智库的必要性与必然性，采取有效措施，注重路径选择，提升教育智库的价值，保证高等教育改革更有成效。

第四节　坚持多方协同治理推进高等教育改革

在我国高等教育大众化进程持续推进的背景下，高校的人才培养、科学研究与社会服务等各类办学活动日益呈现出对"外"开放、多方合作的态势，其核心目标无疑在于提升高校办学活动的质量与效益。高等教育作为一个有机系统，其质量的提升通常是整个系统良性运行以及系统同外部环境良性互动的结果或表现。对于高等教育系统内部而言，整个系统的运行应当符合教育的内在规律，理顺教育者、受教育者和教育措施等基本要素之间的关系，将高等教育机构的人才培养、科学研究、社会服务和文化传承创新等社会职能协调好，借此提高整个高等教育系统的运行效能，切实提升高等教育的整体质量。从高等教育外部环境看，高等教育质量的提升还在一定程度上取决于高等教育系统同外部环境之间的有效协同、良性互动。因此，高等教育在改革实践中还应当重视高等教育与社会环境的交流与互动层面，如高等教育机构同政府主管部门之间的有效联动，高等教育机构同研究机构行业企业、中介组织等其他社会组织之间的合作，高等教育机构同高等教育市场之间的和谐互动，等等。

提升高等教育质量不仅要关注高等教育系统的内部优化，而且有必要重视高等教育系统同外部环境的交流、合作。而高校从其传统的产学研合作实践中探索出来的协同创新理念不仅完全符合系统论的原理，而且恰好指向高校育人的"软肋"，可谓为高等教育质量的提升和高校的人才培养实践提供了一条新的路径。在此背景下，原本适用于高校对外科研合作的协同攻关、协力创新的协同创新策略，正在被引入高校的人才培养活动，进而形成一种新的高校人才培养方式——协同育人，即以协同创新理念为引领的多方协同育人。应当说，这种突破高校组织边界、鼓励高校同外部合作伙伴开展深度合作以寻求协同培养高质量、创新型人才的办学思路和改革举措，为高校提高人才培养的针对性和整体质量提供了全新的思路。

一、基于协同创新理念对于高等教育改革的优势分析

协同创新（collaborative innovation）原本是现代企业为在激烈的市场竞争中取胜而采取的一种策略性举措，其具体表现形式多为组织（企业）内部形成的知识（思想、专业技能、技术）分享机制。这种组织策略扩展至组织边界以外的宏观层面时，就形成了以产学研合作为主要运作形式的协同创新模式。教育部、财政部联合颁发了《关于实施高等学校创新能力提升计划的意见》，启动实施"高等学校创新能力提升计划"，强调推进协同创新是提升国家创新能力的重要手段和战略选择，是全面提高高等教育质量的重要着力点。其核心点和基本要求是，高校要围绕国家急需的战略性问题、科学技术尖端领域的前瞻性问题和涉及国计民生的重大公益性问题，集聚创新团队，形成创新氛围，巩固创新成果，培养创新人才。高校要充分汇聚现有创新力量和资源，加强顶层规划，做好设计选题和前期培育。通过选题培育，确定协同创新方向，选择

协同创新模式，组建协同创新体。特别要以协同创新模式为合作纽带，通过探索建立适应于不同需求、形式多样的协同创新模式，促进校校、校企、校地以及国际的深度融合。以人才、学科、科研三位一体创新能力提升为核心任务，增强创新要素的有效集成，增强高校创新能力发展的导向性，增强投入与产出的效益。

将协同创新的理念运用于高等教育领域，其要义无疑在于打破高校封闭办学的组织惰性与不良倾向，鼓励高校加强同组织边界之外的政府部门、科研院所、行业企业、中介组织等其他社会组织之间的对话、交流与合作。一方面，通过这种对话与交流了解社会对高校所培养的人才的期待与需求，并以此调适高校自身的教学、科研与社会服务活动；另一方面，通过各方之间的密切合作更顺畅地实现高校与其外部的资源、能量与信息交换，进而促进高校办学活动的良性运行与绩效提升，以实现高校人才培养质量及其适应性的整体性提高。

实际上，市场经济条件下高校所应坚持的"开门办学"，本身即意味着高校在办学过程中应当适时同外部环境之间进行常态化的对话、交流与互动，而协同创新不过是这种对话、交流与互动的特定形式罢了。国外的大学，尤其是美国的大学，在面向市场与社会开放办学的理念支持下，在同外部合作和社会服务中吸纳教育资源、关注社会需求、强化竞争意识、保持办学活力，几乎成为当下全球大学效仿的榜样。就此而论，以协同创新的理念为引领，将协同创新的策略应用于高校的人才培养领域，可谓开创高等院校和外部合作伙伴之间的协同育人模式。这种协同育人的模式更有利于贴近、把握和响应外部的人才需求，更有利于发挥各协同方的独特优势来促进高等教育质量和高校人才培养质量的提升，应当成为高校人才培养模式改革与创新的试验内容之一。

二、高校多方协同育人模式的主要内涵

随着经济社会发展步伐的加快，现代社会对人才的需求越来越从过去的单一技能型人才转向为对复合型、高素质乃至创新型人才的需求，这对作为高层次人才培养基地的高等学校提出了直接的挑战。从高校的内部组织结构、人才培养模式、教师知识结构等基础能力以及其作为制度化组织所特有的组织稳定性与对变革压力的"顽固性"来看，要想让高校从其长期形成的"专业型人才"培养模式转变为"复合型人才"培养模式，显然难以于短期内"一蹴而就"。在这种情形下，通过高校与科研院所、行业企业等其他社会组织的对接、协同和相互融合，使各类社会组织的独特知识（如思想、专业技能、技术等）能发生跨组织边界的分享，无疑有助于复合型人才的培养。

因此，根据协同创新的特点与内涵，高校协同育人本质上是由各协同创新主体（高校、企业与科研院所、地方政府等）共同参与高校人才培养活动的开放式人才培养模式。这种培养模式的主要特点与内涵包括以下几方面。

一是培养模式的顶层设计。近年来，各高校普遍完善了高校章程，逐步构建起多元共治的高校治理模式，不同大学的章程虽然在大学"外部人"参与高校治理的体制与机制上有所不同，例如，有的是以学校董事会形式，有的是以校务委员会形式，还有的是以学校战略咨询委员会形式，但共同特点是多元治理，"外部人"直接参与高校办学目标、发展规划、基本政策与制度等的制定，高校教育、科研、人才培养模式等方面的决策，高校与外部关系的构建等，这就为高校协同育人模式的顶层设计提供了制度基础与保障。而协同创新体的建立则进一步推动了科研单位、企业以及政府等各类主体从人才需求方的视角，深度参与高校人才培养模式的设计，使高校人才培养模式更加契合市场需求，满足用人单位的实际要求，实现以需求为导向的人才产出。

二是形成企业、科研院所、地方等参与高校人才培养活动的规范化机制。相对于擅长理论知识教育的高等学校，科研院所能给学生提供更充分、更系统的科研训练，而企业则能为学生提供更贴近于生产实践和市场竞争的实训机会。在对教育具有重要熏陶影响的组织文化方面，相较于高校略显保守的"学院气质"，科研院所（目前大多已转制为企业）"追求创新、追求卓越"的组织氛围更加浓厚，而企业组织在市场压力下催生的"效率意识、务实精神"亦更为突出。在顶层设计基础上，协同育人培养模式要真正付诸实施，必须构建常态化机制，即在人才培养方案的制定环节，落实多方参与、协商一致的培养方案设计机制；在人才培养的实施过程中，通过各方科学家、工程技术人员、大学教师等相互流动，落实各方分工负责、彼此相互配合的多方协同、共同参与人才培养的机制；在人才培养的全过程中，还应当建立科研院所和企业等参与主体的利益补偿机制和动态激励机制。

三是协同创新活动与协同育人融为一体。由高校与科研院所、企业等协同创新主体共同承担研究项目，提升高校教师的研究能力，获得市场导向研发思路启发与面向实践的研究能力提升，从而有助于提高教师的教学水平（以研究促教学）并适当引入类似高职院校所强调的"双师型"教师发展方向。而高校学生，特别是本科高年级学生和博、硕研究生直接加入科研单位的学术研究活动与企业的技术研发流程，则提高了学生解决实际问题的能力，从而提高了人才培养质量。有鉴于此，本着协同创新的思维，高校在特定类型、规格的人才培养过程中，大力开展同科研院所、行业企业之间的联合培养，以充分发挥协同创新其他主体在人才培养方面的比较优势，既培养学生相对厚实的理论素养，又使其接受充分的科研训练，甚至密切接触生产实践一线，以期将其锻造成厚基础、宽口径的复合型人才或创新型人才。

四是共同构建协同育人的创新、创业平台。在协同创新的大平台下，推动校所、校企、校地以及国际的深度融合和创新要素的有效集成。围绕大型仪器设备资源共享、科技项目攻关以及高端人才培养，利用科研机构在项目、技术、人才、设备、信息等方面的优势，以及企业市场资源、产品研发等方面的优势，通过共建技术研发中心、实验室、研究院、学生创业基地等，形成多种类型的创新、创业平台，为产学研的紧密结合协同育人培养模式的实施奠定基础。

三、着眼于质量与效能的多方协同模式保障机制构建

如前所论，基于协同创新理念的高校协同育人模式既是高校人才培养模式改革的可行路径，亦是提升高等教育质量的可行策略。在实践中，若要借助协同创新的路径达到全面提升高校人才培养质量目标，则必须通过相应的运行机制创新打通直接或间接影响人才培养质量之"关节"处的"经络"，使高校外部的资源、能量与信息能顺利进入高校内部并促进其内部结构关系、运行状态与转换能力的改进和提升。如此，结合我国高校办学和运行的实际，除通过高等教育机构与政府管理部门之间的对话与博弈实现政府高等教育行政职能模式由"包揽控制型"向"监督保障型"的转变，使高校真正摆脱对政府部门的依附关系并尽快实现独立自主办学之外，还应当注意汇集各协同主体的共同努力，着力展开以下机制创新的建设性行动，以实现协同创新基础上的高等教育质量提升目标。

（一）综合化的高校人才培养质量评价、监测与控制机制

科学、全面地认识高校人才培养质量的确切内涵，据以开展常态化、制度化的高校人才培养质量评价、监测和控制，是提升高校人才培养质量的基础性工作和重要制度保障。但出于高校人才培养质量问题本身的复杂性，尽管目前以培养对象本身（即受教育者）的质量为核心的高校人才培养质量观已基本达成共识，但如何评价受教育者的质量仍是一个相当抽象、主观的问题，这一质量维度难以直接付诸评价、监测等具体操作。从我国高等教育质量评价和监控的实际而言，高校自身似乎缺乏自我评价、主动监测的动力与热情（组织惰性使然），政府主管部门组织的相关评鉴工作通常又因其行政化的操作模式而饱受非议，某些研究机构所推出的诸如大学排名等包含高校教育质量评价在内的研究成果则通常缺乏公信力，这种状况使我国的高校人才培养质量评价与监控工作陷入某种进退两难的尴尬境地。

鉴于此，学习国外高等教育质量评估与监控的先进理念与成功做法，探索评价主体、评价对象、评价标准多元化的高校人才培养质量评估新模式，则不失为一种可资尝试的新路径。在这方面，协同创新的理念也给我们提供了某些有益的启示。例如，能否在政府主管部门的支持下，积极吸纳科研院所、企事业单位等高等教育服务的"消费者（单位）"参加，通过知名、权威的第三方中介组织（如开展高等教育质量评价研究的研究机构）牵头，高校主动积极配合，探索出一种评价主体包含高等教育服务提供方、高等教育服务消费方、独立第三方，评价对象包括人才培养质量的多个维度（这一核心教育质量又包含受教育者的知识技能、学习与交往能力、情感与价值观、动手能力与创造性等多维指标），评价标准包含受教育者成长质量标准与综合素质标准等多元标准，评价手段包括受教育者抽样测试、学校教育教学工作实地考察等多种手段的综合化高校人才培养质量评估模式。若实践证明，这种多方参与的综合化评估模式具有一定的科学性与可操作性，则不妨在后续更大范围的试验中不断完善之，最后将其推广之，形成一种更科学合理的高校人才培养质量评估模式并据此开展相应的高等教育质量监测与控制工作。

（二）跨越高校组织边界的优质教育资源共享机制

高等教育是一项社会公益事业，但其举办需要相当的资源投入。我国庞大的高等教育系统完全依赖于国家的财政投入是不切实际的。在这种现实条件下，高校（尤其是数量众多的地方高校）无疑会面临着教育资源不足的发展瓶颈，寻求同外部伙伴单位深度合作、实现组织内外部资源共享自然就成为各高校的一种务实、稳妥的选择。而协同创新则为这种优质教育资源的跨组织边界共享提供了新的组织模式和实现路径。例如，围绕特定的经济社会需求、人才培养计划和科学研究项目（科学研究甚至包括社会服务，亦是人才培养的重要方式之一，尤其是在研究生培养方面），高校可以放手同其他高等学校、科研院所、行业企业、地方政府甚至国际社会开展"以我为主、互惠互利"的深度合作。这种深度合作不仅可以有效解决高校自身可能存在的办学资源不足问题，使自身承担的人才培养、科学研究或社会服务项目能顺利完成，而且可以让高校在同"各有其长"的合作伙伴"共事"的过程中近距离地学习对方在项目组织、团队协作、科技攻关、管理制度、知识创新等方面的长处。更重要的是，通过这种项目牵引，有助于高校同外部合作伙伴之间形成长期稳定的合作关系，进而便捷地共享对方的优质人力资源、科技创新平台、知识产权成果和组织管理经验。当这些共享到的有形资源（如优质师资、设备设施等）或无形资源（如知识、信息等）被投入高校的教育教学活动中，自然能助益于学校人才培养质量的提升。

需要指出的是，从字面上讲，资源共享机制的目的似乎是为实现优质教育资源的共享，但实际上更重要的在于这些共享资源如何被充分地利用。共享不过是着眼于解决高校在办学过程中所面临的优质教育资源的不足问题，它不过是手段，而对资源的充分利用才是真正的目的和归宿。因此，深度的资源共享是指合作伙伴单位的优质资源能切实为高校的教育教学、科学研究和社会服务所用，能充分发挥所共享到的优质资源的实际效用，尤其是对人才培养的实际效用。资源共享机制应当以此为出发点来规划、设计和落实。

（三）多元化的高校筹资机制和财务监管机制

在协同育人的实践中，合作伙伴之间的资源共享固然能在一定程度上缓解高校面临的办学资源不足困境，但高校的办学活动归根结底仍然是要依靠自身筹措到的资源来支撑。因此，在协同育人的过程中，高校如何基于协同的思维实现筹资机制和财务监管（其目的是使高校相对有限的办学资源实现资源利用效率的最大化）机制的创新，也是一个间接影响高校人才培养活动与质量的问题。有鉴于此，以深入开展协同育人为契机，高校应大胆地探索多元化的筹资机制。

目前，高校的办学资金主要依靠政府财政拨款、学生学费和其他自营收入，少数高水平研究型大学则有相对较多的科研经费收入。但若同西方大学相比，国内大学资金筹措的"多元化"特征仍不够突出，对政府财政拨款和学生学费的依赖程度仍相对较大。

（四）高校的教学、科研与社会服务融合机制

从本义来讲，协同创新策略主要着眼于高校的科学研究职能，尽管高水平的科学研究也能促进高校的人才培养和社会服务，进而提高高校的整体教育质量，但必须强调的是，无论是协同创新策略对高校科学研究的促进，还是科学研究对学校整体教育质量的支撑，都是有条件的。尤其是高水平的科学研究要切实助益于学校整体教育质量（尤其是人才培养质量）的提升，必须仰赖于教学、科研与社会服务有机融合的机制创新。

当下，在国内的研究型甚至教学研究型大学内部，普遍弥漫着一种"重科研、轻教学"的氛围。最好的师资、实验室，最大比例的经费，甚至最优惠的内部政策，都悉数优先向科研倾斜，向特色学科和优势学科倾斜，以致博士生难得见到导师的面，知名教授几乎不会给本科生上课。试想，在这种制度导向和组织氛围下，即便高校通过协同创新实现了本校科研水平的明显提升，但未必会助益于学校人才培养质量的提高。显然，要想通过协同创新提升高校的科研水平，进而以高水平的科学研究支撑学

校的整体人才培养质量，就必须努力在办学实践中将"教学、科研合一"的理念落到实处，并形成相应的制度保障。

在教学、科研与社会服务融合的机制问题上，高校首先必须深刻认识到人才培养是高校的根本任务，人才培养质量是高等教育质量的核心内容，高校的科学研究和社会服务职能必须同人才培养紧密联系起来，而不是脱离开来；高校在资源配置和制度导向上必须坚持以人才培养为重心，兼顾科学研究和社会服务（当然，也应当宽容少数高水平研究型大学在这个问题上的"适度特殊化"）。其次，应当努力实现上述理念的制度化，从规章制度上明确教师"教书育人"的核心责任和从事研究、开展服务的本职工作，从教师工作任务配置、教师工作业绩考核、教育教学经费分配、教职工工资收入分配、学校组织文化建设等环节将"教学、科研合一""以学生为中心"的办学理念予以制度固化，并以此引导教职员工的行为和价值观。最后，在实际办学活动中，学校必须切实引导学生参与科学研究和社会服务，引导教师将科学研究的方式方法与知识成果引介到教学中，将社会服务过程中的知识、经验传递给学生，让高校的科学研究与社会服务最终落脚于教育教学，落脚于学生综合素质的提高。如此，高校的三大社会职能方不会偏废，学校的整体教育质量，尤其是人才培养质量方才会有保障。

教育的本质是人与人之间的对话、交流与学习。在高校里，不仅"教书"能"育人"，管理、服务也具有"育人"功能。时下人们对某些高校的调侃——"一流的学生，二流的教师，三流的管理，四流的校领导"，似乎在提请教育者注意这样一个问题：高校的管理团队与学校教育质量之间的关系。显然，这绝不是一个伪命题。

简言之，这种高校管理团队优化配置机制就是希望突破高等教育系统的组织边界，在全社会的范围内，本着"专业主义"的基本路向，通过公开遴选、择优取用的竞争方式来为高校的管理岗位挑选、配置最适切的人选，让真正的教育家来"掌舵"高校的发展，让名副其实的各类专业管理人才进入高校来打造一流的学校内部管理，进而为全校的师生提供最优良的服务，最终实现让学校的教育质量与学术生产力获得最大限度的提升。协同创新的思维与策略，其精髓不仅在于优质资源的跨组织共享，更在于一种开放的思维、包容的胸襟和创新的理念。这些对于当下高校领导与管理层的更新与优化而言，无疑是一种难得的思想资源。

第三章　高等教育实践教学的特性与功能价值

第一节　高校实践育人的基本特性

实践育人作为一种教育理念，是基于马克思主义实践观，并在尊重教育发展规律、人才培养规律的基础上形成的科学的教育理念，渗透于育人工作的各个环节，与教书育人、管理育人和服务育人等一系列活动相互补充、相互促进，共同构成完备的高等教育育人体系。高校实践育人工作以大学生为参与主体，以主观见之于客观的实践活动为主要载体，形式多样、内容丰富。实践育人的这些本质特性也就决定了其具有其他各种育人手段所不具备的特点。

一、导向性

导向性是指能够使事物朝某个方向发展的特性。实践育人作为育人途径的一种，是一种目的性和针对性很强的教育实践活动。实践育人的根本目的在于通过各种实践活动，提升大学生的综合素质，促进大学生的全面发展，努力使大学生成长为社会主义的合格建设者和接班人。实践育人的目的性和针对性也就决定了实践育人活动必然具有导向性的特征。实践育人的导向性是指实践育人工作有着明确的目标和方向，工作内容和安排都是以提升大学生的思想政治素质、培养大学生的实践创新能力和促进大学生的全面发展等为导向，设计实践育人工作的各项环节和内容，以实践活动为载体，不断实现并强化育人目标。

从宏观层次来讲，作为以育人为主要目的的实践活动，实践育人显然不同于一般性的实践活动。根据马克思主义关于人的全面发展的观点，教育与生产劳动相结合是实现人的全面发展的唯一途径。因此，实践也是大学生成长发展的基本途径之一。但是，大学生社会实践活动与一般性的认识和改造世界的活动有着明显的区别。实践育人的本质应该是一种学习活动或学习过程，因为实践育人的首要目的不是认识和改造客观世界，而是改造大学生的主观世界。实践育人的导向性要求实践的内容和设计必须以强化大学生的理想信念、提升大学生的社会责任感、塑造大学生的良好道德品格和身心素质、培养大学生勇于探索的创新精神和解决实际问题的实践能力为出发点和落脚点，服务于思想政治教育和育人工作的大局，最终实现实践育人的目标。从微观层次来讲，实践育人工作的导向性还体现在：高校在开展实践育人的工作时，应围绕培养大学生综合素质这个目标，根据育人工作的整体要求，对实践育人的开展情况和整体安排进行顶层设计和整体谋划，对实践育人的时间、方式、效果等要有一定的预期和监控，保证活动开展的效果。各高校开展的实践育人活动形式多样、内涵丰富，但无不落脚于育人这一点上。实践活动紧紧围绕立德树人的根本任务，把提升大学生的实践创新能力等各项综合素质作为工作开展的目标和方向。实践育人的导向性是实践育人区别于一般性实践活动的主要特征。

二、参与性

作为育人工作的一项重要形式和重要内容，实践育人工作的出发点和落脚点是育人。不同于理论知识学习等其他形式的教育工作，实践育人不以课堂理论知识传授和经验传承为主要内容，它区别于其他育人活动的最大特征就是实践育人工作中学生的主体参与性。实践育人以提高大学生的实践创新能力等综合素质为导向和目的，以主观见之于客观的活动为载体，通过组织、引导大学生参与到形式多样、内容丰富的实践中去，通过生动活泼的实践体验，在认识、改造客观世界的同时，更为丰富、深刻地认识和改造自己的主观世界，并在实践过程中实现自身各种能力和综合素质的锻炼、提升，从而实现大学生的自我教育和自我成长。能够促进自我教育的教育才是真正的教育，实践育人的参与性决定了实践育人是大学生实现自我教育的最佳手段。

学生是实践育人的对象，也是开展实践教学、军事训练、社会实践活动的主体。实践育人是以学生为参与主体而开展的育人活动，可以从以下三个方面理解实践育人的参与性。首先，大学生是实践活动实实在在的参与者。实践育人的所有内容都以大学生作为活动开展的主体，不管是主动参与还是被动接受，大学生都会参与到实践育人的全过程。大学生通过实践活动，获得实践感悟和认识，改造自己的主观世界，提升自己的实践创新能力等，优化自身的身心素质。其次，大学生参与实践育人活动会对实践育人的工作安排产生积极的影响。学校或教师在开展实践育人工作设计时，不能一手包办，应尊重大学生的主体地位，根据大学生的实际情况，有针对性地开展实践育人的相关工作，并根据大学生的意见反馈进行调整。大学生在实践育人中根据自身特点，积极参与实践育人的谋划设计和实践活动的全过程，能够提高实践育人工作的参与程度，充分发挥自身的主观能动性，从而更好地达到育人效果。最后，大学生可以自主地参与实践过程。大学生可以根据自己的实际情况、兴趣爱好等，选择适合自己的实践内容、实践方式、实践课题，自行组织、自行设计，只是在必要的时候寻求帮助和指导。在这种完全自主性的实践活动中，大学生既是实践活动的参与者，更是实践活动的组织者和倡导者。通过自行组织实践育人活动，既能达到实践育人的主要目的，又能全面地培养大学生的主体意识和大局意识。

三、体验性

体验的意思是体会经历，在实践中认识事物。根据体验的生成机制，体验是生理和心理、感性和理性、情感和思想、社会和历史等方面复合交织的整体矛盾运动。实践育人的体验性是指在大学生参与实践活动的过程中围绕一定的育人目标，根据大学生的实际情况和特点，为大学生提供、创造或还原各种实践机会或者现实情景，使大学生在参与实践的过程中深化对知识的理解和掌握，获取丰富的情感体验和感悟，促使综合素质的提升，最终实现育人工作的目标和效果。

实践育人的体验性符合教育规律。在校大学生的学习主要以课堂理论知识学习为主，但是理论知识学习存在形式单调、内容枯燥、参与性和活动性较差等明显缺陷，尤其对思想道德素质和意志品质等方面的教育作用更是非常有限，因为人永远是自己也只能是自己才能体验所发生的事情以及产生危机的那些生活环境和变化，谁也不能代替他这样做，就像再有经验的教师也不可能代替自己的学生去理解所讲的内容一样。实践育人的体验性特征决定了实践育人工作能够达到其他育人工作所不能达到的效果。人的正确思想只能从社会实践中来，一个正确的认识往往需要经过由物质到精神、由精神到物质，即由实践到认识、由认识到实践如此多次的反复，才能够完成。在实践活动中，大学生不仅能够获得知识和文化，完善自己的知识结构，提升自己的认知水平，还能够体会并形成新的情感和认知，锻炼新的思考方式和思维模式，获得心智上的成熟和发展。通过理论与实践的有效结合，以及不断获得并升华丰富的实践体验，能够强化大学生在育人工作中的主体地位，调动大学生参与育人工作的积极性和主动性。同时，实践育人能更好地激发大学生的创新思维，锻炼大学生的身心意志，强化大学生的精神归属和价值认同。

四、渗透性

实践育人是对所有大学生参与的实践锻炼活动的概括，实践育人包含的内容非常丰富，实现的形式也多种多样，既包括课程实习、毕业实习、生产实习等教学型实践内容，也包括课程实验、科技创新创业实践等探索体验型实践内容，还包括军事训练、主题教育、勤工助学和社会调查等各种各样的实践活动。实践育人的渗透性主要体现在以下两个方面。

一方面，实践育人的内容涵盖其他育人工作的基本内容。实践育人是其他各种育人工作的组成部分和基本载体。其他各种育人工作和育人活动在开展的过程中无形地渗透了实践育人的理念和做法。实践育人与其他各类育人工作相互融合、相互交织、相互补充、相互促进。例如，专业实验、认知实习等本来就是课程教学的重要内容，更是强化理论知识教育效果的重要途径和手段。

另一方面，实践育人能促进其他育人目标的实现，强化其他育人工作的效果。实践是认识的来源，更是进一步深化和提升认识的基础，大学生只有进行理论知识学习、经过实践的检验方能更加深刻地理解本质、领会内涵，内化为自己的认识和思想。同时，实践育人工作更是德育、美育、体育等育人工作的基本实现载体，是实现素质教育的基本途径。能力需要以掌握一定知识为基础并通过实践锻炼和强化而获得，而素质则需要通过长期持久的实践而内化形成，并通过能力外显出来。理论知识的学习、识记和掌握仅仅是能力提升的初级阶段，一个人综合素质的提高往往要经过实践的历练和升华。实践育人渗透在大学生综合素质全面培养这一过程的各个环节。

五、综合性

实践育人内容的广泛性决定了实践育人是一项系统而复杂的过程。实践育人是一项系统工程，需要各地区、各部门的大力支持，需要各高校的积极努力。实践育人内容的丰富性也决定了实践育人效果的全面性和深刻性，因此对于实践育人的综合性可以从工作开展的综合性和育人效果的综合性两个层次来理解。

一方面，实践育人涉及多个方面的工作。实践育人是一项系统性、全面性的工作，既需要政府教育主管部门、企事业单位以及社会的大力支持与相互配合，更需要各高校的积极努力，不断为实践育人搭建平台，提供支持。教育部等部门在《关于进一步加强高校实践育人工作的若干意见》中对实践育人外部支撑环境提出了具体要求："地方各级政府整合社会各方面力量，大力支持高校实践育人工作。教育部门要加大对高校实践育人工作的指导和支持力度，进一步发挥好沟通联络作用，积极促进形成实践育人合作机制。财政部门要积极支持高校实践育人工作。宣传、文化等部门要为学生参观爱国主义教育基地、文化艺术场所提供优惠条件。部队要支持学校开展军事训练，积极加强军校合作。共青团要动员和组织学生参加社会实践活动。各高校要成立由主要领导牵头的实践育人工作领导小组，把实践育人工作纳入重要议事日程和年度工作计划，统筹安排，抓好落实；要加强与企事业单位的沟通协商，为学生参加实习实训和实践活动创造条件。企事业单位支付给学生的相关报酬，可依照税收法律法规的规定，在企业所得税前扣除。"同时，实践育人更离不开专业教师队伍的指导，以及作为实践主体的大学生的积极参与。实践育人工作的开展是一项综合性的复杂工程，需要调动各方的积极性，形成合力，才能最终保证实践育人工作的顺利开展。

另一方面，实践育人效果和目的的综合性。实践育人对大学生、高校和国家来说都具有十分重要的意义，是全面落实党的教育方针，把社会主义核心价值体系贯穿于国民教育全过程、深入实施素质教育、大力提高高等教育质量的必然要求。同时，实践育人工作的育人效果具有非常强的综合性，是培养理论与实际结合、学用一致、全面发展的新人的根本途径。实践育人不仅能够巩固、提升大学生的专业素质和专业技能，更能够锻炼大学生的实践能力和创新意识，优化大学生的身心健康，增强大学生的理想信念和社会责任感，进一步增强大学生在中国共产党领导下实现中华民族伟大复兴"中国梦"的自觉性和坚定性，引导大学生成为合格的社会主义建设者和接班人。

第二节　高校实践育人类型

根据高校实践育人的开展形式和目标，可以将高校实践育人分为七种类型。

一、引领型实践

引领型实践是指在高校实践育人过程中，以理想信念教育实践为目标培养大学生树立正确的信仰观和思想导向，从而提高大学生的责任感、使命感和思想道德修养。引领型实践的活动内容主要包括思想政治素质教育活动、大学生党员党性实践活动、以重大节日和热点问题展开的教育活动、理想信念和社会主义核心价值观教育活动、各级党校教育活动等。

根据当今的时代特征和当代大学生的特点，引领型实践将大学生的个体发展与信念教育的目的和内容进行结合，帮助大学生树立正确的思想方向，使他们的个人理想与建设中国特色社会主义的共同理想相融合，把大学生的"成才梦"与"青年梦"、国家"富强梦"结合，从而为实现中华民族的伟大复兴贡献自己的一份力量。

二、教学型实践

教学型实践是指在高校实践育人过程中，将课堂教育教学实践作为主要目标，不断提高大学生的专业发展能力，使专业知识吸收与转化得到进一步加强。教学型实践的活动内容主要包括课堂教学实践活动（课堂讨论、技能型竞赛、模拟活动和主题论坛等）、专业实习见习活动、社会调查活动等。

作为理论教学的补充与延伸，教学型实践具备很强的操作性和直观性，具体包括实习和实训、课程设计、课堂教学实践、实验教学、社会调查、毕业论文（设计）等形式。教学型实践能使大学生利用已有的知识、经验和能力解决学习、生产和生活过程中的实际问题，并在这个过程中接收信息、接受考验、接受锻炼，使自己的情感、态度、意志、个性、认知水平、自主性、创新性等都受到影响和触动，在原来的基础上得到培养和提高。

三、服务型实践

服务型实践是指在高校实践育人过程中，将各种志愿服务活动作为主要目标，注重培养大学生的服务意识和奉献精神，增加大学生学习机会，从而提高大学生的精神境界，使大学生的业余生活更加丰富多彩，同时促使大学生得到全面发展。服务型实践的活动内容主要包括各种大型志愿服务、公益服务活动、社区科学知识普及服务等。

中宣部、中央文明办、教育部、共青团中央《关于进一步加强和改进大学生社会实践的意见》提出："大力倡导大学生参加志愿服务等公益活动，引导大学生运用所学知识和技能服务人民，奉献社会，培养为人民服务的道德观，弘扬社会主义道德风尚。要拓展社会服务的新领域、新载体、新形式，鼓励大学生参加志愿服务西部计划、贫困地区支教计划、青春红丝带志愿行动等活动。"众多高等院校认真贯彻落实文件精神，组织大学生积极参加各种类型的志愿服务活动、公益活动和社区科学知识普及服务等一系列实践活动。这一系列的服务型实践活动能够使实践的育人功能得到充分发挥，从而为培养具有奉献精神和服务意识的新一代大学生做出贡献。

四、认知型实践

认知型实践是指在高校的实践育人过程中，以社会调查和文化艺术类实践为主，旨在提高大学生的认知能力和文化内涵，培养大学生高尚的道德情操，促进大学生素质的全面发展。认知型实践的活动内容主要包括各种社会调查研究活动、文化艺术实践活动等。例如，结合基层群众的实际需要，开展文化科技卫生"三下乡"大学生暑期志愿者服务活动、高雅艺术进校园、"我爱读经典"学生人文经典阅读项目等。

长期以来，各高等院校的文化艺术实践活动丰富多彩，文化艺术实践活动中有很多极具特色的项目品牌，大学生可以选择不同的途径积极参加各种文化艺术实践活动。这不仅可以加深他们对社会的认识，还可以使他们的能力得到提高。

五、创新型实践

创新型实践是指在高校的实践育人过程中，以各类创新创业活动作为提升大学生科学精神和创新能力的主要方式，变革大学生的学习方法，塑造大学生的意志品质的实践活动。创新型实践的活动内容主要包括各类科技创新活动、大学生创业活动等。

大学生参加科技创新活动可以为社会贡献自己的一份力量。目前，我国正在努力扩大大学生参加科技创新活动的规模。国家和高等院校不仅为学生提供了学术活动的基本平台，而且为科技创新活动提供了各种学术和技术竞争的平台。为了支持大学生创业，国家和各级地方政府不仅出台了大量扶持政策，而且建立了创业投资基金和创业基地。这些都为大学生提供了创业培训和创业服务，并取得了显著成果。

六、职业型实践

职业型实践是指在高校实践育人的过程中，将职业体验类活动作为主要内容，不仅可以培养大学生和初入职场人员的工作能力，还可以帮助他们积累工作经验，加快他们的社会化进程。职业型实践的活动内容主要包括各种工作学习活动、职业培训活动、挂职锻炼等。

根据参与对象，职业型实践可分为在校大学生参与的职业型实践活动、毕业生参与的职业型社会实践活动，以及在校大学生和毕业生共同参与的职业型社会实践活动三类。在校大学生参与的职业型社会实践活动主要包括各种勤工助学活动和挂职锻炼，毕业生参与的职业型社会实践活动主要包括大学生"村官"计划和"三支一扶"计划，而就业见习活动是大学生和毕业生共同参与的职业型社会实践活动。

七、自治型实践

自治型实践是指在高校实践育人过程中，借助各种平台（学生生活园区、各类学生组织和网络社区等）提高大学生的综合素质及自我管理能力与意识，达到促进大学生个性发展的目的。自治型实践的活动内容主要包括各种高校学生组织、学生生活园区、各种网络虚拟社区等。高校学生组织的主要目的是用于学生的自我服务、完善和管理，以及辅助教学。高校学生组织由学生组成，服务于学生，维护学校方面的利益，能够推动学校的顺利发展，切实表达和保障学生的切身利益。

第三节　高校实践育人的原则

在科学分析高校实践育人面临的时代机遇和困难挑战、准确把握当前高校实践育人工作现状的基础上，从顶层设计出发合理构建高校实践育人的目标和内容，坚持教师主导与学生主体相结合、第一课堂与第二课堂相结合、能力培养与品德锤炼相结合、校内主动与校外联动相结合、积极扶持与严格考核相结合的原则，能构建起最大限度调动各方参与、最高效率保障育人效果的高校实践育人工作体系。

一、教师主导与学生主体相结合

教师和学生是实践育人工作体系中两类不同的角色。从高校实践育人工作的角色划分角度来看，必须发挥教师的主导作用和坚持学生的主体地位，使两者共同作用于学生成长成才这一实践育人目标。

教师是高校实践育人队伍中的主要成员，在实践育人中起着主导作用。实践育人是高校人才培养工作的有机组成部分，教师作为高校人才培养工作的主力军，在实践育人中起着主导作用。教师的主导作用主要体现在如下三个方面：一是教师保障实践育人工作方向。受认识局限性和个人主观性的影响，大学生在自我规划发展方向、自我检视发展需求等方面不可避免地存在一些缺陷和不足。这需要教师来协助大学生厘清个人发展需求，引导发展方向，纠正发展偏差，起到定向纠偏作用。二是教师协调实践育人资源。学校作为办学主体，教师作为教育主体，可拥有和支配教学资源，并联系和协调社会资源支持学生开展实践活动。在高校实践育人工作体系中，应坚持教师主导，积极协调各方资源来支持学生在实践中成才。三是教师提供实践活动指导。

实践活动离不开理论与实践相结合，离不开书本知识的应用。教师掌握着更加丰富的专业知识和更加全面的理论基础，能有效指导学生开展实践活动，特别是在专业实习、社会调查等教学实践活动中，教师指导是保障实践活动效果不可或缺的因素。

学生主体是高校实践育人的核心。在高校实践育人中应坚持以学生为主体，充分调动和发挥学生的主观能动性。实践育人归根到底是促进学生的健康成长和全面发展，其出发点和落脚点都是学生的成长和发展。坚持学生主体原则，必须把握以下三个方面：一是坚持以学生的需求为实践育人的出发点。在策划实践活动、安排实践内容时，以学生是否实际需要、学生有哪些需要为工作的第一信号和首要考量，做到绝不开展不符合学生成长需要的活动，绝不开展不利于学生全面成长的活动。二是坚持在实践活动过程中尊重学生自主选择权，鼓励学生发挥主观能动性。实践活动在本质上属于教育活动，教育活动中必须充分调动学生参与的积极性，赋予学生一定的自主选择权，尊重学生独立完成、主动完成的主体地位。三是坚持以促进学生健康成才、全面发展为实践育人的最终归宿。在评判实践活动效果、检验实践活动效益时，要以是否能有效推动学生成长成才为最基本的评判因素，根据在学生成才中的贡献度来评价实践活动效果，积极探寻实践活动改进措施。

高校实践育人实现教师主导和学生主体的协调统一。教师扮演好引导者、组织者、服务者的角色，鼓励学生扮演好参与者、学习者、评价者的角色。教师的职责重在引导，为实践育人工作起到定向纠偏作用；重在组织，积极协调各方资源支持学生投身实践；重在服务，及时响应学生需求，提供必要的指导协助。学生的作用重在参与，深刻认识实践活动的重要性和必要性，积极投身实践活动中；重在学习，认真总结思考实践活动的收获，从实践活动中学习知识、增长才干；重在评价，科学评价实践活动效益，协助学校加强和改进实践育人工作。最终，通过教师主导、学生主体，发挥好实践活动的育人功能。

二、第一课堂与第二课堂相结合

第一课堂和第二课堂是实践育人体系中两类不同的阵地。从高校人才培养大体系上来看，高校第一课堂、第二课堂在人才培养中各有分工、各有侧重，共同承担着培育德智体美劳全面发展的大学生的使命。具体到高校实践育人工作，也应坚持第一课堂与第二课堂相结合的原则，促使两者有机协作，协同育人。

第一课堂是依照学校既定的人才培养方案，在较为固定的空间环境内按照一定的教学大纲开展教学活动，即传统意义上的课堂教学。第一课堂是高校人才培养的主阵地，讲授内容、师生互动形式都较为规范。第一课堂在实践育人工作中发挥着重要作用，主要体现在以下两个方面：一方面，第一课堂开展教学实践、科技创新等学生实践活动具有先天优势。教学实践、科技创新等活动的知识基础来源于课堂教学，活动开展依赖于任课教师的指导。活动目的之一是促进大学生更好地学习和掌握第一课堂所学知识。离开第一课堂的支撑，开展此类实践活动将直接影响活动效果乃至无法开展活动。另一方面，第一课堂拥有最为丰富的、能支持实践活动开展的资源禀赋。第一课堂是大学生人才培养的主课堂，国家和高校在课时设计、经费投入、师资力量配备、教学基础设施投入等资源分配方面都向第一课堂倾斜。开展好实践育人工作，离不开科学借助和高效利用第一课堂所拥有的丰富资源禀赋。

第二课堂是课堂教学以外的育人活动，是在第一课堂学习基础上进行的有效延伸、补充和发展。在高校人才培养工作中，第二课堂的育人功能越来越被教育主客体双方所认知，也发挥着越来越重要的作用，实践育人应与第二课堂紧密结合。首先，第二课堂具有的生动、主动等特性是实践育人功能实现所需的核心资源。相比第一课堂，第二课堂形式更加生动丰富，学生主观能动性更加得到激发，这些特性与实践育人功能实现的本质诉求和关键资源紧密相关。学生主动参与的积极性直接影响和决定实践育人的效果。实践育人离不开生动活泼、丰富多彩的第二课堂教育。其次，部分第二课堂活动具有实践育人功能。以志愿服务活动为例，它是高校思想政治教育工作的重要载体，是第二课堂的主要育人形式之一。在引导大学生服务社会、奉献他人的同时能锻炼自己、增长才干，实现育人效果。

第一课堂与第二课堂有机结合是做好高校实践育人工作的关键，第一课堂能规范实践育人形式，开展教学实践活动，提升学生实践技能。第二课堂能激发学生参与实践活动的兴趣，组织开展形式多样、内容丰富的实践活动，直接为学生提供实践平台。只有坚持第一课堂与第二课堂相结合开展实践育人工作，才能提升学生的实践技能与实践热情，并为开展实践活动提供实践平台。

三、能力培养与品德锤炼相结合

能力培养与品德锤炼是实践育人工作体系中两类不同的目标。能力培养侧重于"能"，指的是培养学生认识社会、改造社会的专业技能和个人素质。品德锤炼侧重于"德"，指的是培养学生积极向上、乐观进取的思想品德和公民道德。能力培养与品德锤炼必须作为实践育人工作中既有差别又相统一的目标。

实践育人着眼于提升学生专业能力和个人素质。人的全面发展离不开人的能力的全面发展。实践育人应着眼于以下三种能力的培养：一是认识社会的能力。实践活动作为大学生了解社会、认识社会的窗口，通过开展社会调查、假期社会实践等活动，能帮助学生搭建从学校走向社会的桥梁，进而更加明确自身成长需要，把社会发展与个人进步紧密结合起来，使自己成长为国家和人民所需的社会主义建设者和接班人。二是创新、实践的能力。实践是创新能力培养的重要载体，实践活动作为大学生运用专业知识、实现理论与实践相结合的有效形式，在实践过程中注重培养学生实践能力，激发学生创新思维，培养学生创新精神。三是从事基本劳动的能力。针对当代大学生成长环境普遍较为优越、行事方式较为娇惯等特征，组织学生开展勤工助学、志愿服务、军事训练等实践活动，引导他们从事一定量的基本劳动，能培养他们从事基本劳动的能力，提高身体素质。

品德锤炼是实践育人的题中应有之义。实践育人，一是培养大学生的社会责任感。在组织大学生认识社会和服务社会的过程中，着力引导他们正确认识自身在社会发展中所承担的角色，培养他们的集体荣誉感、社会责任感和自身使命感。二是培养大学生坚强卓越的意志品质。在大学生走向社会、走进实践的过程中，不可避免地会遇到新问题、新困难。大学生在克服困难和解决问题的过程中能培养自身不怕挫折的意志、顽强奋斗的品质和坚守胜利的信心。三是培养大学生对劳动和劳动人民的感情。亲身从事生产劳动实践是引导大学生认识劳动艰辛、珍惜劳动成果、培养对劳动和劳动人民感情最直接的形式，能发挥书本知识学习和理论说教所无法发挥的作用。

高校实践育人既要注重能力培养，又要做好品德锤炼。脱离了品德锤炼的实践育人，培养出来的只能是"有能无德"的废才；而脱离了能力培养的实践育人，培养出来的只能是"有德无能"的庸才。只有坚持能力培养与品德锤炼相结合的实践育人目标，才符合马克思主义视域下人的全面发展的要求，才能培养出合格的社会主义建设者和接班人。

四、校内主动与校外联动相结合

校内与校外是高校实践育人体系中的两类不同的阵地。实践育人需要校内主动与校外联动相结合。校内主动就是要在实践育人中注重挖掘校内资源，积极开展实践育人活动。校外联动就是要积极联系校外资源，通过校企联合、校地联合等形式为学生实践活动提供平台、政策、资金等，最终实现校内外协同育人。

校内主动是做好实践育人工作的前提。学校作为一个独立主体，承担着实践活动组织管理职能，教师扮演实践活动的主导角色，学生扮演实践活动的主体角色，这些要素都从属于校内子系统。要素的主动合作是维持系统良性运转、保障实践活动效果的基本前提。校内主动，一方面是指思想上的主动，学校和教师应充分认识实践育人的重要性，加强组织领导，投入必要的人力、物力、财力和政策倾斜来大力支持学生开展实践活动；另一方面是指行动上的主动，学校要主动收集学生实践成长的发展需求，全面梳理自身能用于支持学生开展实践活动的资源，积极协调校外资源支持学生开展实践活动，通过评先评优等形式鼓励学生积极开展实践活动。

校外联动是做好实践育人工作的支撑，大学生实践成才所需的平台、政策等资源是高校不具有或无法提供的。校内应加强与校外的联动，一是实现政策联动，积极向各级政府部门反映大学生开展实践活动所需的政策支持，从加大财政投入、出台保障措施等方面，营造全社会共同支持大学生参与实践活动的政策环境；二是实现平台联建，积极向企业反馈学生实践平台需求，争取企业提供更多更加契合学生成才需要的实践平台和实践岗位来支持学生开展实践活动；三是实现资源联动，学校加大与企业、地方之间的沟通协作，设立学生实践活动支持资金，加大学生实践活动指导教师的培训力度，优化学生实践活动支持资源，强化学生实践活动保障条件。

高校实践育人坚持校内主动与校外联动相结合，校内主动是校外联动的基础，校外联动是校内主动的支撑。只有实现了校内主动，才能为校外联动提供明确的联动方向，才能调动起校外联动的积极性。校外联动是校内主动的支撑，可以弥补校内的若干缺陷，为实践育人提供更丰富的政策、平台和资源支持，校内主动与校外联动相结合能最大限度地开发高校实践育人资源，实现实践育人的资源协同。

五、积极扶持与严格考核相结合

扶持和考核是高校实践育人体系中两类不同的方法。扶持侧重于"拉"，是通过舆论宣传、政策保障、载体建设、资金投入等形式支持开展实践育人活动，为实践育人活动提供资源保障。考核侧重于"推"，是通过学生体验性评价、教师指导性评价、学校综合性评价等形式，加强对实践育人主客体育人成效的考核，确保实践育人效果。

积极扶持是高校实践育人的前提。实践育人应注意做好以下三个方面的扶持投入：一是强化舆论引导。《教育部等部门关于进一步加强高校实践育人工作的若干意见》中指出，要强化舆论引导。对于高校实践育人，舆论宣传起着统一思想、凝聚力量、宣传发动、激励推动的作用。二是加强载体建设。在校内外建设一批思想政治教育基地、教学实习基地、就业实习基地、创新创业基地、社会实践基地、军训基地、志愿服务基地和勤工助学基地等，规范基地运作模式，提升基地育人功能，为大学生开展实践活动提供平台和岗位。三是加大资金投入。学校要设立实践育人专项经费，新增生均拨款，教学经费要优先用于实践育人工作，形成实践育人经费常态化增长机制。通过发动校友捐资、企业合作投资等方式，多渠道吸引实践育人的资金投入。

严格考核是实践育人效果的保障。科学合理的考核评价机制能发挥导向作用，应用选拔、激励和预测功能，提升高校实践育人工作效果。应该把实践育人工作效果评价与学生体验性评价、教师指导性评价、学校综合性评价结合起来。一是把实践育人课程建设，实训基地、实践基地和实验室等教学基本设施建设，实践育人的实效纳入学校办学水平考核评价指标体系，在办学水平评估中体现实践育人的目标导向。二是建立以学生综合素质和实践能力全面提高、个性特长和创新潜能充分发挥为综合评价标准的学生综合素质评价观。把创新精神和实践创新能力作为学生综合素质评价的一级指标，把参与教学实习、创新创业、志愿服务、勤工助学等实践活动情况作为二级指标，并赋予相应的权重来进行评价。三是将实践育人考核纳入教师业绩考核体系，将教师指导学生开展实践教学、实习实训和社会实践活动情况作为教师工作业绩考核的重要组成部分。

高校实践育人坚持积极扶持与严格考核相结合。其中，积极扶持是前提，严格考核是保障。只有从政策、资金、载体、舆论等方面加大扶持力度，才能为实践育人工作提供强有力的保障。只有建立好科学合理的考核评价机制，才能更好地引导实践育人工作方向，保障实践育人工作效果。脱离了扶持的考核是无根之木，脱离了考核的扶持是放任自流，必须坚持扶持与考核并重，才能促进高校实践育人工作水平的提升。

第四节　高校实践育人的功能价值

高校实践育人是人才全面培养过程中不可或缺的重要组成部分，社会、学校、大学生三者相互配合形成了新的实践育人共同体，并在此基础上建立了互惠互联互需的多赢合作机制。在这个过程中，大学生是实践活动的参与主体，高校是实践育人的实施主体，社会是实践育人的实践载体和最终受益者。高校实践育人有效地促进了大学生的成长成才和全面发展，促进了高校的改革发展和功能实现，促进了社会繁荣昌盛和国家创新发展。

一、有效促进大学生成长成才和全面发展

　　教育的过程不仅是大学生将所学的知识按照自己的发展方向和理想目标进行消化的过程，还是在生活中表现为个人行为举止和道德实践结合起来的过程，也是教育者言传身教，在传授知识的同时培养大学生的人格品质、基础知识与基本技能的过程。在"传道—内化—外化"的客观过程中，如果没有受教育者切身的实践与再实践，是不可能完成的。高校实践育人促进了大学生的思想品德教育，提高了大学生的综合能力，加速了大学生的社会化进程，是大学生成长成才与全面发展的新理念、新模式和新实践。

（一）加强大学生的思想品德教育

　　大学生的思想品德形成的关键因素是积极参与实践活动和正确的行为选择。很多理论可以证明高校实践育人对促进大学生思想品德教育产生了积极作用，我国各地高校开展的道德实践活动也证实了这一点。

　　1. 高校实践育人有利于加强大学生的责任感和使命感

　　高校实践育人活动不仅是为了帮助大学生成才，更是帮助大学生树立把自身价值与国家命运牢牢联系在一起的思想意识的重要途径，与此同时还能帮助大学生了解中国的国情并锤炼其意志品质。大学生通过参与社会实践，在改革开放和时代发展的浪潮中感受时代的脉搏，增强同人民群众的血肉联系，加深个人的爱国情怀，树立正确的世界观、人生观、价值观，正确引导和规范个人使命感和社会责任意识。更为可贵的是，高校实践育人可以激发大学生自身的学习主动性和积极性，认真思考如何在未来通过自己的努力为社会发展贡献力量，创造一个有信念、有梦想、有奋斗、有奉献的人生。

　　2. 高校实践育人有利于塑造大学生的思想品德

　　高校实践育人能够塑造大学生高尚的品德、顽强拼搏的精神、积极向上的心态、宽广包容的胸怀。个体品德和健全人格的形成需要在具体、真实的情境和处理人与社会关系的过程中得以体现与升华。高校实践育人，一方面有助于大学生正确认识我国的国情，全面了解社会发展现状，帮助他们提高发现问题、思考问题、分析问题、解决问题的能力，并在此基础上认真思考自己的人生追求和未来道路；另一方面可以帮助大学生在社会上和各种各样的人打交道时，克服困难，将理性与感性结合、将理论与实践结合、将所学知识和生活经验结合，从而使大学生养成良好的道德品质和健全的人格。

3.高校实践育人有利于磨炼大学生的意志品质

一方面，高校实践育人为大学生提供了消除本领恐慌、社交胆怯、生存焦虑等不良心理状态，锻炼心理素质和心理承受能力的机会。另一方面，高校实践育人是大学生磨炼意志的大考场、历练能力的大课堂。在实践育人过程中，经常会遇到各种矛盾和问题，大学生必须以满腔热情投入工作，以百倍勇气战胜困难，通过学中干、干中学，提高与他人沟通的能力，赢得理解与尊重。同时，通过实践，大学生进一步认识了自我、发展了自我、完善了自我，提高了对环境的适应能力，提升了心理成熟度，形成了全面看待问题的做事风格。

（二）提高大学生的综合素质

高校实践育人是大学生把所学的知识转化为工作能力的桥梁、提供的学以致用的平台。学习是一个成长进步的过程，实践是提高个人技能的途径，要把学习和实践结合起来提高大学生个人主观意识，实现其全面发展。

1.高校实践育人有利于大学生形成学以致用、终身学习的态度和能力

一方面，通过实践育人，大学生更加注重学以致用，在社会主义现代化建设的大熔炉中，将书本知识与实践经验结合起来，将扎实学问与厚实见识结合起来，将理论学习与实践探索结合起来，从实践中汲取营养、检验知识、丰富阅历，从实践中思考、体验、感悟、提升，领悟"学什么、怎么学"，既打牢基础知识又更新前沿知识，既钻研理论知识又掌握专业技能。另一方面，高校实践育人可以养成大学生主动参与、主动实践、主动思考、主动探索和主动创造的学习态度和学习能力。大学生通过参与实践能够适时有效地调整自身发展方向，提高自身行为与发展的自觉性，并通过对所学知识的运用和思考，自觉调整和完善自己的知识结构，培养和健全自己的心理素质和能力素质，将学习作为首要任务，作为一种责任、一种精神追求、一种生活方式，树立"梦想从学习开始、事业靠本领成就"的观念，让勤奋学习成为青春远航的动力，让增长本领成为青春搏击的能量。

2.高校实践育人有利于提高大学生创新实践能力和就业创业能力

通过实践育人，大学生可以了解倾向的职业与自己专业知识结构之间的差异，从而弥补自身欠缺的知识，以便更好地胜任工作，这样既拓宽了知识面，优化了知识结构，又提高了教育的质量。在实践中发现新知、运用真知，在解决实际问题的过程中增长才干，不断提高实践能力、创新创业能力，切实掌握建设国家、服务人民的过硬本领，为走上社会、成就事业打下坚实基础。

3.高校实践育人有利于培养大学生良好的团队合作能力

在职场上奋斗过的人都明白一个道理：仅凭个人能力去解决工作上所有的问题是很难高效率完成的，还可能会造成工作上的重大失误，所以很多人更愿意选择利用团队凝聚的智慧结晶来为工作注入活力。高校实践育人正是在此基础上要求大学生积极参与团队建设活动，学会正确处理人与人之间的关系，培养良好的团队合作能力，通过团队合作促进大学生个人交往能力和沟通能力的整体发展。通过实践可以培养团队、师生、成员之间的沟通和协作能力、组织协调管理和领导能力以及创新创业能力。高校实践育人不仅有效地将学校教育与社会教育联系起来，成为学校教育中社会拓展和素质教育的重要载体，而且为大学生相互评估、相互学习提供了机会，提高了大学生利用团队合作解决问题的能力。

（三）加速大学生的社会化进程

社会性是人的根本属性。教育要解决的是作为"个体"的人的个性发展与社会发展的要求之间的矛盾。高校实践育人是根据高等学校的教育目标的要求所设计和构建的理论和实践模式，高度契合了"促进人类生命个体健康成长，实现生命个体由自然人向社会人的高度转化"这一教育本质。它有利于培养大学生的创新实践能力和就业创业能力，加速大学生的社会化进程。

对于当代大学生而言，要想自己的能力获得社会的认可，首先需要从青涩走向沉稳，从天真走向成熟，让自己学会与社会不断磨合；其次要积极参与社会实践，用实践经历缩小知识差距，审视自身存在的问题，明确个人目标和发展方向；最后要紧跟社会时代的步伐，快速适应环境和工作，承担各种各样的社会角色，面对问题和失败不轻易认输，学会根据社会需要来不断调整个人定位。

高校需要解决的是大学生的个性发展与社会发展要求之间的矛盾，引导大学生个体生命健康成长，与此同时，要加速大学生的社会化进程，使他们树立社会角色的意识，了解自己的社会责任，形成与社会相互依存的关系，提高社会适应性。

二、有效促进高校的改革发展和功能实现

实践育人作为一种新型教育理念，是教育本源的一种回归。高校实践育人理念的提出实现了两个目标：一是促进了高校人才培养模式的改革；二是带动了高校教育改革发展，实现了教育教学水平不断提高的要求。它的实施促进了高校的改革发展和多样功能的实现。

（一）深化高等教育综合改革

党的十八届三中全会通过的《中共中央关于全面深化改革若干重大问题的决定》对高等教育改革发展提出了最直接、最明确的要求，即"创新高校人才培养机制，促进高校办出特色，争创一流"。"十四五"规划期间，高等教育在达到普及化阶段后，将步入高质量发展阶段。

目前，我国高校普遍存在的问题是高校建设目标的定位不准确、人才培养的类型不全面，甚至出现与教学内容不匹配的状况，缺乏与行业需求和区域发展需求紧密结合的教育机制等，导致高等教育改革面临严峻的考验。要想高等教育取得成效，需要高等教育在综合改革发展的过程中从单一改革转向全面改革，从数量追求转向质量追求。深化高等教育综合改革不仅可以促进高等教育教学质量的提升，还对经济转型和升级具有非常重要的意义。

（二）推进高校人才培养模式变革

伴随着我国社会经济的不断发展，各行各业对人才的要求也更高。因此，中国共产党在新形势下提出了实现从人力资源大国向人力资源强国转变的人才发展策略。为了培养更多的高质量人才，高校要紧随社会发展对高校大学生提出的要求，为他们创造更多的成长平台。在面临挑战和发展机遇时，大学生要在高校实践育人模式的引导下，把自己锻炼成社会所需的人才，同时高校要帮助大学生建立协同合作机制，利用社会和国际资源，为大学生提供实践场地和岗位，将社会资源变成育人资源。大学生通过学校的帮助可以更加熟悉当前社会形势，提升自身能力。

（三）促进高校教育教学水平提高

高校是知识创新和传播的主要基地，也是培育创新精神和创新人才的摇篮。在经济全球化深入发展、科技日新月异、人才竞争日趋激烈的背景下，社会对劳动力和专门人才的素质要求越来越高。学校教育能一次性满足人一生谋生发展所需知识的时代一去不复返了。高校实践育人极大地丰富了高校的教学内容，促进了学科建设和教材建设，探索了提高大学生综合素质的实践教学新途径。在以往以教书育人为主体的教学中，理论课教学内容与社会实践往往有一定的距离。高校实践育人通过将实践教学向课外、向社会延伸，实现了理论课堂与实践课堂、学校课堂与社会课堂的有机结合，达到了深化专业技能、培育人才的目的。同时，高校实践育人的开展进一步推动了教学内容的改革，建立了高校教学内容充分反映学科专业研究新进展、相关实践新经验、人的全面发展新需要的长效机制。学生将在学校学到的知识应用到社会实践中时，往往会发现学校教育与社会需求之间存在差距，他们将这些问题反馈给学校，学校就可以有针对性地整合资源，改革教学方法，改善教学内容，调整知识体系，以达到学校教育与社会需要相一致。

（四）保证高校人才培养质量的提升

教育有其自身的发展规律，只有遵循教育的发展规律，才能最终实现人才培养的目标。马克思主义理论认为，"实践—认识—再实践—再认识"的过程是不断往返循环，并在往返循环中达到主客观统一的过程。大学生学习科学文化知识的途径主要有两种：直接地从书本上学和间接地从社会实践中学。学习科学文化知识，仅依靠书本是远远不够的，参加实践活动才是课堂教学育人的有效延伸和深化。实践育人是高校人才培养的一个重要环节，其将学校教育、社会教育和学生自我教育融为一体。大学生通过实践的锻炼与感悟，将高校的要求变成自己的内在追求，在自我体验的基础上，自觉地对自己的思想行为进行矫正，达到自我教育、实践育人的目的。高校实践育人进一步激发了高校人才培养的潜力和活力，突破了实践能力这个薄弱环节，形成了"教学—评价—反馈—指导"的教学与评价循环管理体系，创新了应用型、复合型、技能型人才的培养机制。通过投身社会实践，大学生一方面可以加强学校和社会的信息交流，有机会运用自己的专业知识和技能，巩固和深化课堂上学到的知识；另一方面可以在社会实践活动中把所学的专业知识与生产活动结合起来，将书本知识转化为实践能力，全面提升自身素质，使书本知识得到深化和转化，并进一步明晰科学技术发展的方向，把握社会发展的脉搏。

三、有效促进社会繁荣昌盛和国家创新发展

高校实践育人是为了能够有效促进社会的和谐稳定与繁荣发展，是科学技术转化为生产力的重要条件之一，也是提高大学生素质的基本途径。它既满足了社会对人才的要求，也促进了社会文化的新发展，是夯实创新型国家建设的基础。

（一）满足社会人才的新需求

当今世界，各国在各个层面的竞争实际上是经济、政治、军事等方面的竞争，统一起来就是综合国力的竞争，而提高综合国力最重要的因素就是人才。当前，为了提高我国的综合国力，培养创新型、全能型人才已刻不容缓。一个优秀的大学生不能只会纸上谈兵，而是需要将理论与实际相结合，实践育人就是高校为社会培养具有创造精神和实践能力的全面发展的人才的有效载体，也是大学生了解社会、服务社会的有效途径。一方面，大学生以科学的专业知识、庞大的团队保障投身社会实践，提前将专业技能运用到社会实践中，极大地弥补了社会上对高层次人才的需求，创造了良好

的经济效益、人才效益和社会效益；另一方面，高校结合社会对人才的需求，进一步将教书育人和实践育人有机结合，培养了大学生的管理能力、沟通能力、创新能力、适应能力和动手能力，既能增强大学生的就业能力，又能为社会培养大批符合需求的人才。

（二）引领社会生活的新风尚

现代化在带给人们高度物质满足的同时，也带来许多难以回避的问题：技术至上的盛行、实用主义的扩张、个人主义的泛滥、人文精神的失落等。高校是保存、传承、传播和创造先进文化的地方，它利用象牙塔的精神之光照亮那较少为人们所关注的角落，站在一个超脱的高度对社会进行判断。大学生是当代青年中最有文化、知识和影响力的群体，他们具有思路新、知识基础牢固、思维活跃的特点，高校要充分发挥大学生的这些优势，承担起建设社会主义精神文明的重任。习近平总书记在全国大学生"村官"代表座谈会上强调，推进农村改革发展的目标任务，……迫切需要一大批有现代知识、现代思维、现代眼光的优秀青年才俊投身社会主义新农村建设。全国各地的大学生实践育人的实践也说明，广大学生大力弘扬民族精神、时代精神，积极投身社会公益事业与志愿服务行动，以实际行动倡导健康、文明、科学的社会生活新风尚，有利于在全社会树立奉献、友爱、互助、进步的时代新风。

（三）促进社会文化的新发展

传播优秀文化是高校的又一社会功能。在现代社会，科学技术的高度发达在带给人类繁荣的物质文明的同时，也导致人的异化。人们对完美生活的追求更多地侧重于物质生活，而忽视了高层次的精神文化追求。与此同时，以唤起商品"拜物教"为目的的大众文化乘虚而入，迷惑了一些没有完全树立正确观念的大学生。高校作为精英文化看护人，是新知识、新思想、新理论的重要摇篮，是继承与传播民族优秀文化的重要场所和交流、借鉴世界进步文化的重要窗口，必须正确引导学生认识外来优秀文化和外来糟粕文化，大力弘扬我国优秀文化。在参与实践育人的过程中，作为"象牙塔"精英的大学生具有思想观念新、文化水平高的优势，一方面需通过社会实践增长才干、锻炼毅力、培养品格；另一方面要身体力行，成为一名走在时代前列的奋进者、开拓者、奉献者，以执着的信念、优良的品德、丰富的知识、过硬的本领为国家做出更多的贡献，不断传播新知识、新理论、新思想，促进社会先进文化的繁荣与发展。

（四）夯实创新型国家建设的基础

创新型国家是指以技术创新为经济社会发展主要驱动力的国家。建设创新型国家是实现中华民族伟大复兴的战略需要，也是中国在知识经济时代保持经济繁荣的必然选择。推进创新型国家建设应立足于提高国民的创新素质和创新能力，努力培养有才能和创新思维的人才，他们是创新型国家建设的设计者、实践者和组织者，是自主创新、模拟创新和联合创新的主体。高校实践育人的开展有利于建立多元多维实践教育评价机制，实现人才培养由原先标准统一的"授受式教育""记忆力教育"变革为自由发展的"引导式教育""创造力教育"的人才培养模式。提高国民素质和培养创新型人才在于教育，高等教育改革和发展的最终目标是鼓励和引导大学生的成长，激发和引导个体的创造性冲动，使个体得到发展，以满足创新型国家的需求。同时，高校实践育人教育体系的建设和升级为全社会提供了一个普及创新精神和宣传创新理念的平台，促进了创新文化内化为实践的内在动力，使国民具有积极创新的精神状态和思想风貌。

第四章　高等教育专业建设

第一节　专业课程建设

一、专业课程建设概况

（一）专业课程结构呈现：跨专业课程缺少逻辑性

随着网络传播的深度普及，新媒体的影响在社会层面深入展开，这就迫使网络与新媒体专业将研究重点从新的媒介现象扩展到全社会范围，以网络社会为视角探讨新的传播技术平台给人类带来的诸多问题及全方位影响。这一学科发展趋势势必要求在教学过程中综合借鉴其他人文社会学科的理论优势，从社会学、政治学、心理学、经济学、文学、历史学、哲学等多个学科中接受给养，发挥综合交叉学科的潜力。

网络与新媒体专业是学科交叉融合、综合性较强的复合型专业，是一个跨学科、跨门类的结合体。网络与新媒体专业的课程具有极大的容纳性，涵盖了计算机技术类、文学类、史学类、哲学类、经济学类、法学类、社会学类、语言类、传统新闻传播学类、新媒体类、心理学、营销学、统计类、管理类、艺术类、政治类、数学类、军事教育类等多种领域的课程。虽然这些都是网络与新媒体专业学生应该掌握的知识，但是课程之间基本上独立存在，不发生具体内容的融合。所有的课程如同容纳了多学科精华的一盘散沙，难以建设其结构性框架。如何让学生吸收并灵活运用这些专业知识是网络与新媒体教育所要解决的问题。

要解决内容、技术、艺术等"几层皮"的问题，根本上就是改变教师的思维惰性，改变不同学科教学的封闭心态。而从具体策略来看，以业界产品和任务为导向来组织教学也许是一个相对有效的方法。

（二）专业课程学科倾向：传统新闻传播特性凸显

网络与新媒体专业培养计划中的课程设置，与传统新闻传播学类专业课程具有一定的交叉性。网络与新媒体专业课程中显示的新闻学和广告学的属性较多。这些专业专属课程在网络与新媒体专业课程培养计划课程的占比相当高。在传统新闻传播专业转型的过程中，也有将专属课程与新媒环境结合的部分。

网络与新媒体专业容纳了一些传统新闻传播学专业的课程，也承接了这些专业所需的转型任务。作为一个新兴专业，课程部分是急需填充的环节。网络与新媒体专业借用了这些专业一定量的课程，并与之融合，以奠定新闻传播方面的理论基础。但网络与新媒体专业需要更多地适应新媒体环境，融合部分课程略显单薄。此外，网络与新媒体专业需要将这些专业的专属课程与新媒体真正融合，而不是直接借用。网络与新媒体专业课程建设要想建立起自己独立而完整的课程体系，就必须建立自己的专属课程和借用课程的紧密联系。

（三）专业能力培养倾向：趋向全媒体复合型培养

网络与新媒体专业课程服务于学生的能力培养，也是最能体现培养目标的部分。按培养能力倾向，可以将网络与新媒体专业课程分为16类，包括"全媒体理论和实务的认知能力""产品开发与制作能力""技术应用能力""传播与营销策划能力""运营管理能力""社会认知判断能力""艺术创作能力""创新思维能力""数据搜集及分析应用""历史认知能力""文学鉴赏能力""市场及受众分析""产业分析预测能力""沟通交流能力""文化鉴赏能力""舆情分析与监管能力"。这些课程能力培养倾向体现了人才培养的复合型培养目标。

在新旧媒体交织的全媒体环境下，专业人才培养需要跨越各种媒体的整合性思维，需要熟悉全媒体运营过程的相关理论和实务。培养"全媒体理论和实务的认知能力"的课程受到了足够的重视。融媒体时代，网络与新媒体人才不仅需要"全媒体传播"能力，更需要"全能型人才"。全媒体环境中，不仅需要掌握相关理念，还需将理念转化为可以传输和感知的产品。这就需要其掌握"产品开发与制作能力"，并辅之于产品制作的技术应用能力。

融媒体下的人才需要具备内容与产品的贯通能力，而"传播与营销策划能力"和"市场及受众分析"则能赋予媒体平台和产品更多的活力，让媒体人才和用户有更好的交流，保障服务的品质与创新性。"运营管理能力"和"产业分析预测能力"则支持网络与新媒体人才对行业进行预判，并以此为中心遵循市场规律，将各项任务进行统筹。"数据搜集及分析应用能力"和"舆情分析与监管能力"的培养则是对大数据应用与网络监控的需求的适应。

"社会认知判断能力""历史认知能力""文学鉴赏能力""沟通交流能力"和"文化鉴赏能力"则是对网络与新媒体专业学生基础素养的培养。而"艺术创作能力"和"创新思维能力"则可进一步培养学生的敏感度和创造性思维能力。虽然这些课程被划分到这几种能力的培养范围内，但这些课程的比例分布以及课程内容设置是否能撑得起网络与新媒体专业人才的培养，尚需进一步考察。

（四）专业课程设置偏向：各类型学校差异性明显

在具体课程设置中，各高校网络与新媒体专业虽然具有显著性差异，但并未完全发挥各高校的差异化建设优势。整体来看，综合类院校网络与新媒体专业在综合性教育方面占有优势。而其他类型学校网络与新媒体专业的建设偏向性较强。各类高校网络与新媒体专业对新闻传播类课程和新媒体类课程的设置都给予了足够的重视，但在发挥特色教学方面还需继续努力。比如，政法类高校对法律类课程的设置，艺术类高校对艺术类课程的设置等，以及在具体课程中，民族类高校对民族社会资源开发利用的课程设置，体育类院校对体育社会学方面课程的运营等。

二、专业相关教材建设

（一）教材基础信息

1.教材出版分布：分布繁杂，出版集中

各个出版社有其出版特色和出版资源，占比较高的出版社有其得天独厚的出版优势。但网络与新媒体专业要求其人才满足市场经济的发展需求，在市场需求结构的不同位置发挥不同的作用。这也就要求，网络与新媒体专业院校对教材的取舍、相关出版社对教材的倾斜能够适应市场对新媒体学生的需求。不同出版社对市场形势有不同的判断和把控，所出版书籍也各有风格、各有倾向。

针对市场需求和网络与新媒体专业学生知识结构需求，适当地调整出版社书籍的使用。出版社在出版书籍时，针对新媒体专业学生使用的书籍，也应侧重学生的真正需求，合理地分配自己的出版资源。新闻传播类学科，包括网络与新媒体专业，在选择教材时更倾向于选择清华大学出版社、中国人民大学出版社、中国传媒大学出版社、高等教育出版社等。但学校对其他出版社出版的有关网络与新媒体的书籍，也要根据其出版质量和内容的倾向，将其用于网络与新媒体专业教育的教材或辅助教材、参考书目。

网络与新媒体专业教材的选择不应局限于某些出版社。虽然出版社有其特有的出版优势和出版文化，但在适应互联网时代的发展需要时，采用不同出版社的不同书籍，发挥出版社及其书籍的最大优势，将出版社和其书籍有针对性地运用到恰当的教学环节和辅助位置。

2. 教材编著信息：编著结合，合理分布

书籍的著述形式会影响其内容的创新性和理论性以及其结构的完整性。作为网络与新媒体专业教材，"著"的方式更易适应快速变化的市场环境，其独创性更易启发学生的思维。学生学习体现作者观点的原本文字，有利于学生更清楚明确地了解作者的观点和表述思路，更有利于学生的学习和认知。"编"的方式，虽然在文字安排上也体现了编者的观点，但拉远了学生和原观点提出者的距离。但"编"的方式似乎更能带有逻辑性，更有利于满足学生学习的需要。"编"的方式并不完全是为了阐述观点，其表述方式更符合学生学习的逻辑和认知需求。"编 + 著"的方式综合了两者的优势，却也兼具了两者的不足。"编 + 著"的方式处于两者的中间，即相对完整地体现了表述观点的原本信息，也符合为学生学习服务的宗旨和逻辑。

在网络与新媒体专业教材的建设中，需要注重教材著述方式的结构性，不仅倾向于"编"的方式，也应适当地倾向于"编著"和"著"的方式。"著""编"和"编著"三种方式应在教材著述方式中合理分布，适应学生学习要求，更为学生适应市场需求打下基础。只有符合学生学习逻辑的著述方式，才更适合做网络与新媒体专业教材。学校在指定教材时，应充分地考虑到学生学习的需要和市场对学生的需求。

3. 教材出版时间：增长趋势，略有波折

信息网络时代，教材已不能保障学生的知识量，但教材的规范性和指导性具有相当的教学意义。因此，网络与新媒体专业开设前期在应对新媒体环境而编著的教材，依旧对该专业有教学指导意义。

网络与新媒体专业课程设置涵盖的领域十分广泛，较多地借鉴了其他专业的课程。对于这类课程，网络与新媒体专业并没有专属教材。因此，这类课程的教材也多是借鉴其他专业的专属教材。

4. 教材作者国籍：横跨中外，国内居多

由新媒体教材作者国籍情况可知，在网络与新媒体专业教育中，高校在指定教材时，更倾向于选择中国人编著的书籍，而对国外的一些书籍应用较少。学者在编著书籍时，在不同程度上会受到所在环境的限制。中国互联网发展迅猛，但起步较晚，关于新媒体各方面的理论实践还处于发展阶段，借鉴美国等较为成熟的互联网发展经验，具有重要的现实意义。网络与新媒体专业教育中，其教材选择自然是要以国内书籍为主。因为最适合国内经济发展状况的书籍才是最佳的教材选择，才是最具市场需求的知识。

各个国家的网络与新媒体发展有各自的特色和国情，但网络与新媒体发展的大趋势是相同的。在我国网络与新媒体教育中，一些国外的发展经验和学术观点是值得借鉴的。网络与新媒体专业是迅速发展、不断变化的领域，其发展理论尚处于初级阶段。相关教材的选择，需要从不同的侧面来支撑网络与新媒体专业的学习。网络与新媒体专业教材，应用国外学者的观点和书籍，有利于突破专业学习过程中的局限。

5. 教材规划情况：合理规划，提倡选荐

根据相关教材所属系列，将教材分为规划性教材和非规划性教材。同时，规划教材又分为国家级规划教材和普通规划教材。在网络与新媒体专业相关教材中，规划性教材与非规划性教材的数量差距不大。

规划教材的设置既体现了相关部门对专业教育的重视，也表明了该专业建设的成熟度。但在网络与新媒体专业相关教材中，其规划程度稍有不足。但网络与新媒体行业发展极为迅速，减少规划性教材，让市场的灵活性去调解书籍的适用性，也有利于网络与新媒体专业相关教材的发展。

（二）教材内容分类

1. 教材内容设计适应性：网络与新媒体专属性差，理论建设不足

网络与新媒体专业是新闻传播学一级学科下属的二级学科，虽然与传统新闻传播学类专业有极大的渊源，但仍需有其独有的特色。网络与新媒体专业是为适应新媒体环境而开设的专业，跨学科的性质要求该专业容纳跨学科的知识理论。

网络与新媒体专业以网络与新媒体命名，也说明了其时代使命，不仅需要容纳新媒体事物，也要承载传统事物为适应互联网环境而进行的转型。网络与新媒体专业本身也具有跨学科的性质，借用其他专业的专属课程及教材，可以使该专业快速组建。网络与新媒体专业之所以能成为特设专业，也必定需要有其独特的理论和课程、教材体系。网络与新媒体专业专属教材占比问题说明该专业作为一个新兴专业，其理论建设和教材建设还有极大的提升空间。

2. 教材内容设计偏向性：学科偏向明显，类型分布失调

网络与新媒体专业的建设在教学模式和理论知识方面，受到了传统新闻传播类专业的影响。传统新闻传播领域的内容与互联网等新媒体结合，需要对原本的内容进行变革。因此，在这种新旧交融的背景下，新媒体专业需要适应这种交融的内容，其研究内容也需要与新闻领域的内容相结合。

网络与新媒体专业除了信息传播，还需熟悉互联网信息产品从设计制作到管理运营的各个环节。这不是要求网络与新媒体专业精通每一个环节和具体工作任务，而是

要求其对新媒体内容形成一种整体概念。因此，新媒体相关教材也涉及了设计、运营、产业发展等方面的内容。网络与新媒体专业需要做到"学"与"术"、"技"与"艺"的结合。新媒体技术直接服务于新媒体理念，技术类教材的数量仅低于新闻传播类。对新媒体技术的掌握有利于网络与新媒体专业学生灵活地使用并创造新媒体产品，将理念运用于实践当中。

新闻传播、管理与运营、产业、技术、设计、营销、文化、艺术、创造性思维等多项内容，需要并行于网络与新媒体专业人才的知识和能力结构之中。

3. 教材内容设计倾向性：实务类居首位，兼顾"学""术"

在统计网络与新媒体专业相关教材时，将其大致分为四类，即网络与新媒体理论、网络与新媒体实务、数字技术实践和新媒体产业与管理。

网络与新媒体专业教育不仅应该注重教材应用的理论性，也应侧重于其相关实务学习。网络与新媒体专业是理论与实践、应用技术并重的专业。在专业教育过程中，数字技术实践环节也是不可偏废的。但在相关教材统计中，发现教材更倾向于理论学习，对于相关实务学习和技术实践方面的教材数量偏少。

网络与新媒体专业不同于新闻传播学类的普通专业，它的学习内容和从业范围不只局限于新媒体业务内容，更拓展到了新媒体运营的各个环节，其中包括新媒体产业的管理和布局。在新媒体运营的过程中，新媒体人才只有熟悉新媒体运营过程中的每一个环节，才能更好地把握新媒体的价值，也才能更清楚地了解自己所做行为的意义。所以，在网络与新媒体专业教材的设计偏向上，应向实践性、实务性、技术性和产业性书籍倾斜。在网络与新媒体专业教材设计方面，需要注重教材类型的平衡，注重结构性设置。

4. "马工程教材"建设现状：着重通识教育，专属指导不足

"马克思主义理论研究和建设工程重点教材"是巩固马克思主义在意识形态领域指导地位的基础工程，是一项重大的理论创新工程。据教育部公布，之前出版的"马克思主义理论研究和建设工程重点教材"，尚没有专门服务于网络与新媒体专业的书籍，多停留于通识教育领域的使用教材。网络与新媒体专业作为适应新媒体环境而生的新兴专业，是全媒体领域引导舆论的主要力量。该专业的教育不仅要有相关专业知识理论的指导，也需要在意识形态领域的专属教育，即适应全媒体传播环境的马克思主义理论教材，借以专门指导网络与新媒体专业。

但教育部最新公布的"马工程教材"中，仍未出现专门引导网络与新媒体专业的教材。"马工程教材"中，虽有《新闻学概论》和《马克思主义新闻观教程》，但新媒

体传播不同于以往的传播活动，需要有其独有的意识形态理论指导。这不仅影响了网络与新媒体专业的专业教育，也影响了新媒体传播环境的生态环境和新媒体的发展方向。因此，加强网络与新媒体专业领域专属的"马工程教材"建设是非常有必要的。

三、培养方案设计情况

各高校的人才培养目标分为三种，复合型人才（平衡）、应用型人才（倾向性）和技能型人才；就业领域分为三类，传统媒体的新媒体业务、新媒体平台领域、各类行业从事媒体相关工作；能力培养倾向呈现出流程化，即在媒体运营的整个过程中，不同的运营环节需要不同的能力和技能，针对这些能力的具体倾向对网络与新媒体人才进行培养。课程设置往往与培养方案相对应，也是培养方案落实的具体途径。单就培养方案而言，各高校标榜"以专立身，以通结群"的"复合型、应用型、创新型"人才。这样的人才正是新媒体环境下所需的高级人才。但各高校网络与新媒体专业的课程设置并不能撑起其培养目标。对于其课程设置而言，这样的培养目标过于宽泛，并且利用在校时间和课程资源，不能培养该专业学生的这些能力。网络与新媒体专业课程容纳性极强，但课程之间的逻辑联系性较差，难以构建复合型人才的适用性能力，即培养目标与课程设置或培养方案存在脱节的现象，难以做到"以专立身，以通结群"，培养目标实现的程度有限。

这就存在一定的矛盾，即社会所需要的新型人才和高校的人才培养目标，与现实人才所能培养的人才能力存在差异。这一培养缺口也不是专业课程所能弥补的，而是需要高校网络与新媒体专业的体系化教育模式。专业课程的数量和课时是有限的，但学生学习的时间是无限的。高校对于网络与新媒体专业人才的培养不能仅限于课程教学，需要为其提供一种学习的模式和思维，使其有独立学习和创新能力。

第二节　网络与新媒体专业建设的影响因素分析

一、网络与新媒体专业建设的基础资源影响因素分析

新专业的开设对学校扩大招生规模来说具有极为重要的的意义。专业教育的建设往往需要与当地的经济发展水平、教育资源等因素相适应，即网络与新媒体专业建设需要相应教育资源的辅助，且网络与新媒体专业人才的培养需要适应新媒体的发展，人才培养需要经济发展或行业发展来承接就业。

专业教育建设受到各高校所在地经济、教育、人口发展等因素的影响，同时也反馈于当地的发展。各省网络与新媒体专业建设情况受到当地经济发展、教育水平和人口现状的影响。

（一）专业建设与教育资源的关系

将各省开设网络与新媒体专业的学校数量与各省本科院校的数量进行相关性分析，以说明各省原本的教育资源对网络与新媒体专业建设的影响，得出两者的相关系数 $P=0$（$P < 0.0001$），即两者具有显著相关性。各省开设网络与新媒体专业学校的数量受到各省本科院校数量的影响。总体来看，各省教育资源的分布情况极大地影响了网络与新媒体专业的发展状况。但各省高校数量并不是网络与新媒体专业开设的唯一决定性因素。

（二）专业建设与经济发展的关系

各省 GDP 和网络与新媒体专业的学校数量的相关性分析，$P=0.006$（< 0.05），即两者具有显著相关性。各省开设网络与新媒体专业的院校数量受到各省 GDP 现状的影响。各省 GDP 在一定程度上影响了网络与新媒体专业的建设。网络与新媒体专业人才培养适应了互联网对人才培养的要求。经济发展水平高的省份对新媒体人才的需求量也较多。新媒体环境下的创新型人才对各省经济的发展也有重要的推动作用。

新媒体人才建设与各省经济发展有着相互推动的作用，但两者也有失衡的情况。比如，陕西省的经济发展和网络与新媒体专业发展出现了错位的现象。网络与新媒体专业的发展受到各省经济、教育等方面的影响。当地经济发展现状和人口数量（网民数量）也影响了网络与新媒体专业人才的市场需求量。因此，网络与新媒体专业的开设需要考虑当地经济发展现状，力求为区域经济发展注入人力资源。人才供应不足会影响到经济发展的后劲，人才供应超过当地市场负荷，网络与新媒体人才的发展机会就会受限。

新媒体人才的增多有助于为各省经济发展注入新的行业文化，提高经济效益。各省经济发展和网络与新媒体专业建设的关系，也受到各省原有教育建设的影响。

（三）专业建设与人口规模的关系

各省人口规模极大程度上影响了市场对新媒体人才的需求量，进而影响了当地高校网络与新媒体专业开设情况。但人口基数大，新媒体产品服务需求量大，不代表当地的新媒体相关行业发展现状，仅能代表这一市场的发展潜力较大。网络与新媒体专业开设数量与各省人口数量的关系并不是正相关，即各省开设网络与新媒专业的数量受到各省人口数量的影响，但不完全取决于各省人口数量的多少。

（四）专业建设与网民规模的关系

随着网民规模的扩大，以互联网为首的新媒体对社会的影响日益深化。新型互联网社会关系的形成要求具体的工作人员去适应并服务于这一社会关系。互联网迅猛发展，新的媒介环境逐渐形成，传统新闻传播专业教育在理论和实践方面落后于行业发展。新媒体环境的发展、社会生活和行业发展等各个方面都需要适应互联网发展的特色专业。网络与新媒体专业应运而生，该专业的数量整体呈现出上升的趋势，这不仅反映了学科建设的需求，也反映了各行各业适应互联网发展过程中对新型人才的需求。

二、网络与新媒体专业建设的教学资源影响因素分析

网络与新媒体专业和新闻学、广告学、广播电视学、传播学、编辑出版学、数字出版学并列，同属于新闻传播学大类里面的专业。这些专业共同服务于新媒体环境下的各项事业的发展。网络与新媒体专业作为后起之秀，其专业建设既会受到这些学科建设的影响，也会受到这些并列专业资源的影响。但在传播学和网络与新媒体专业数量的关系分析中，其相关系数大于0.05，即网络与新媒体专业数量和传播学专业数量的相关性较弱。网络与新媒体专业课程中有很大一部分是倾向于新闻传播学一级学科下的其他专业课程的。因此，网络与新媒体专业建设需要这些专业建设的辅助。各省新闻传播学专业建设的资源也影响了网络与新媒体专业建设质量。

网络与新媒体专业的开设受到招生需求、市场环境变化和教育教学政策等方面的影响较大。网络与新媒体专业的开设是为了适应新的媒体环境，有较好的就业前景，这类专业的开设对扩大招生规模有极大的帮助。但如果只考虑这些因素，而不顾及相应教育资源建设，只能批量生产出竞争力弱、可代替性强的"网络与新媒体民工"。各省新闻传播学专业的教育基础也影响了该地域网络与新媒体专业的教育水平。因此，网络与新媒体专业的建设需要着意考虑所在地和所在学校的新闻传播学专业建设情况，并将这些资源运用于网络与新媒体专业建设。

第三节　网络与新媒体专业教育问题及应对之策

一、网络与新媒体专业教育不足之处

（一）各高校教学特色问题：高校特色资源未显现

各高校的教学资源是网络与新媒体专业的第一资源，也是网络与新媒体专业可以充分发挥的跨学科建设平台。网络与新媒体专业建设利用高校的特色资源，可以使该专业建设迅速完善其教学建设。高校的学校类型、学校隶属、优势学科、学校的影响力范围等都是网络与新媒体专业建设需要考虑或者借助的教学资源。虽然有一部分学校结合学校的特色进行专业建设定位，如上海外国语学院，将人才培养目标定位为"复合型国际新闻传播人才"；北京吉利学院，将人才培养目标定位为"地方性、复合型、应用型高级专业人才"，服务于地域性经济发展。

但有相当一部分学校的网络与新媒体专业没有结合所在院系或者高校的平台资源，而是无差别的"复合型人才"培养。任何学校的专业建设都必须有其依托的教学资源，仅根据政策和市场人才缺口，建设一个新兴专业，很难保障专业建设的质量。网络与新媒体专业是一个具有跨学科属性的专业，这要求该专业课程囊括大量的跨专业课程。但若该专业所在高校没有这些课程所属的专业建设，而是临时搭建平台进行跨学科课程教学，教学质量可想而知。对于民族类院校来说，了解民族地区的社会发展资源，为民族地区的社会发展贡献力量是其重要的使命。但开设网络与新媒体专业的民族类院校并没有将专业建设与民族社会资源相联系，其他类型学校的培养目标和教学设置差别不大。

（二）理论建设适用性问题：新媒体理论建设缺乏

随着互联网迅速发展，传统行业的发展规律也与互联网相结合，产生了新的发展轨迹。原有传播理论和行业发展规律在互联网传播环境下的适用性大打折扣，新的理论体系尚未成型。网络信息传播、运用和甄别应用能力需要新理论的支撑。

在网络与新媒体专业教育中，新媒体理论性课程需要受到足够的重视。当与互联网相关的新理论尚不成熟的时候，可以借鉴社会学、人类学和逻辑学等理论知识，作为网络与新媒体专业学习的理论基础。

网络与新媒体专业需要适应与新媒体相关的各项工作任务，网络与新媒体专业学生学习也应以完成相应的工作任务为目的。而一项工作任务的完成不能单纯地依靠某一学科或某一理论作为支撑。网络与新媒体专业学习需要多个学科的理论知识作为提高学生理论素养的支持。但由于学科的限制，跨学科理论知识并不能很好地融入学生的知识框架之中。另外，在跨学科学习中，由于教师专业和学生本身专业的限制，对理论知识学习的深入程度较浅，对跨专业理论知识的学习不够深入，从而导致认知框架混乱。

（三）课程设置结构性问题：课程系统性建设不足

网络与新媒体专业教育应当本着"厚基础、宽口径、重实践"的原则建设新媒体课程体，旨在培养复合型人才。网络与新媒体专业教育中，需要学生掌握充足的理论知识，其中包括跨专业知识，还要进行技能的训练。加强多学科知识的"通识"渗透，加强对学科技能的"通识"掌握。但课程设置不成体系，结构性差，难以进行系统性教育。

网络与新媒体专业以新媒体课程为核心，组建其课程体系，其中涵盖了计算机技术类、文学类、史学类、哲学类、经济学类、法学类、社会学类、语言类、传统新闻传播学类、新媒体类、心理学、营销学、统计类、管理类、艺术类、政治类、数学类、军事教育类等多种课程。网络与新媒体专业课程分类倾向众多，但这些课程之间的逻辑联系较弱。网络与新媒体专业课程的系统性建设不足，导致学生知识系统凌乱。网络与新媒体专业人才所掌握的知识量和知识结构决定了其知识调用效率，直接影响了其专业能力。但课程之间的系统性差会导致整个专业知识学习的结构性，降低知识的有效性和协调性。

（四）人才培养个性化问题：独创性人才培养乏力

互联网的个性化特征也要求网络与新媒体专业人才的个性化特质。批量生产的人才可以胜任一些基础的工作，但不能取得长足的发展。个性化的培养有利于学生发挥自己的个性，提高职我匹配度。而专业培养中多以学校设置为主，学生特色培养计划欠缺，学生自我选择性差。而且网络与新媒体专业教育中缺少对学生精准的学习定位，难以发挥学生的潜力和个性。参与式教学有利于发挥学生的能动性、创造性和互动性，以及学生在教学中的主动性。

1. 培养计划：培养目标模糊，个性化培养不足

从发展趋势、能力需求和人才培养三个维度来看，复合型人才、全媒体传播人才和创新人才更能适应现今市场的需求。在新媒体范围内不仅需要新媒体新闻传播人才，

还需要新媒体经营管理人才和新媒体产品设计人才。网络与新媒体专业学生需要满足市场对人才的复合型、专业型需求。

各高校在培养计划中将培养目标定位复合型、专业型、应用型、创新型等人才，但各高校对这些属性的定义却具有较大的差异。网络与新媒体专业教育在培养人才时，培养的目标性差，难以给予网络与新媒体专业人才以准确的能力倾向。模糊的培养目标会使网络与新媒体专业学生的课程设置，难以适应学生的能力培养和潜力挖掘。

网络与新媒体专业人才培养与实际的用人需求产生错位，人才培养创新的脚步跟不上新媒体发展的脚步，输入市场的人才参差不齐。其原因在很大程度上是高校没有准确地把握互联网环境下，市场对人才的需求信息。高校的网络与新媒体专业教育批量化地培养学生的能力，并没有根据学生的具体需求来进行教育。网络与新媒体专业教育中不能发挥学生的潜力和个性需求，也是无法明确高校培养目标的原因之一。

高校的培养计划和招生计划的依据并不完全来自市场需求的调研数据。不精准地定位市场需求，也难以培养出市场真正需求的人才。因此，学生难以适应市场的需求。完善网络与新媒体专业教育，需要明确高校的培养目标。而明确的培养目标需要依据市场调研，以求能够做到供需大体一致。让学生能够毕业即就业，而不是浪费教育资源和学生的学习机会。提高学生的职我匹配度是高校明确培养目标的重要目的之一。这要求高校不能盲目扩招，以达到按学生个性需求来培养其能力的效果，促使学生和市场需求达到最高的匹配度，真正地实现明确培养目标。

2. 能力条件：人文基础薄弱，可塑性能力欠佳

网络与新媒体专业在互联网环境下需要强大的适应能力，但在学校的学习无法给予学生全部的素质。所以在学校的培养中，学生的基础素质培养是最关键的问题。通过学校的学习，最主要的是锻造学生的可塑造性能力，便以学生更好地适应各种社会需求。网络与新媒体专业的核心竞争力是新媒体传播和新媒体设计能力。但网络与新媒体专业需要创造性思维，善于掌握与整合知识结构，运用已有知识进行拓展性思维，做到与需俱进、与时俱进。

快速变化的互联网环境和市场经济环境要求网络与新媒体专业学生，具备更加灵活的学习能力和适应能力。这些能力不是某些具体的专业理论知识学习可以做到的，而是需要训练和培养学生的基本思维能力和资源整合能力。但是很显然，现今的高校网络与新媒体专业相关教育并不能达到这样的高度。这需要网络与新媒体专业教育在课程设置和教材设计上有所侧重，更需要校企结合给予学生实际的锻炼机会。因为某些能力是课堂上永远也学不到的，需要长期的社会实践来支撑。在此基础上的知识和

信息、资源的整合能力，能够使学生快速地重组自我能力结构，快速地适应市场需求，以成为一个市场真正需要的人才。

在高校网络与新媒体专业教育中，其教材选择和课程设置更注重具体理论知识和专业能力的培养，但对学生的思维训练和可塑造能力的培养方面有待提高，这不利于满足学生真正地适应市场需求的要求。网络与新媒体专业人才需要具备系统的人文社科知识和现代化传播理论与技能，成为具备可塑造能力的复合型新媒体专业人才。网络与新媒体专业学生，对文、史、哲以及一些社会学、心理学、逻辑学和人类学等知识的学习，有利于提高其知识建构能力和构建性思维能力，使其成为具有独创性思维和能力的人才。但学校对这部分知识的教育相对欠缺，其课程所占比例也相对较少。这不利于学生可塑造能力的培养。

3. 就业倾向：工作行业分散，业务领域固定化

在网络与新媒体专业的培养计划中，其就业倾向包括传统媒体领域、新媒体领域，以及非媒体行业的媒体相关工作。虽然可工作的行业较多，工作业务也分布在相关领域的各个环节，但各高校对网络与新媒体专业所能工作的业务范围，仅限于各行业的新媒体相关工作。网络与新媒体专业就业方向不仅限于网络媒体和传统媒体与新媒体结合的区域，所有"互联网+"的行业与业务范围都有与网络与新媒体专业人才匹配的部分。

在新媒介背景下，传统媒体亟须采取转型措施，且转型任务与新媒体业务密切相关。传统媒体转型，融合新媒体业务需要专门的新媒体人才执行。但网络与新媒体专业的培养定位中，人才定位为服务于传统媒体行业转型的网络与新媒体专业占比仅为2%。传统媒体业务与新媒体业务具有历史性的延续和密切的协作关系。网络与新媒体专业人才的工作业务范围不应局限于媒体行业或其他行业的新媒体业务范围，"互联网+"是其需要承接的业务范围。

二、网络与新媒体专业教育建议

（一）重构教育思维：开启"互联网+"学习模式

网络与新媒体专业培养的基本理念要从新闻人向媒体人转变，学生要适应丰富多样的媒体环境。互联网是一种"高维"媒介，不能用治理传统媒介的"低维"逻辑去运作它和管理它。因此，用互联网思维模式去引导学生的学习，保障知识的学习和思维能力的培养，是适合互联网运营模式的。在互联网所能覆盖的领域，就需要网络与新媒体专业人才有所涉及。

"互联网+"学习模式不是简单地将原有的知识结构与互联网相结合，而是真正地在互联网系统启动的模式下，将原有的知识纳入互联网运作的框架中。但在互联网环境下，也产生了许多新的业务，需要新理论的指导。比如，新环境下受众的生活方式和思维习惯发生了变化，进而影响到了受众的行为方式和思维模式。在互联网环境下的受众分析研究就必须站在互联网的大环境下，以互联网思维模式和互联网独有的特点去分析受众的相关行为和特征。

"互联网+"学习模式不是要抛弃原有的研究成果和知识框架，而是要用互联网思维去灵活地掌握和运用原有的知识，并将其运用于实践。"互联网+"学习模式最关键地是有效地整合现有资源。任何具体的知识学习都不可能支撑新媒体人才的整个职业生涯，而对知识的整合与创新能力可以使其受益终生。

（二）革新教育框架：构建金字塔式知识结构

网络与新媒体专业作为一门新兴专业，需要借鉴一些建构较完善的专业学科的知识理论。该专业的知识学习模式应该是金字塔式知识结构，需要通过层层构建，塑造结构性的学习体系。互联网环境下市场需求变化速度极快，企图适应这种变化，就必须培养学生的可塑造能力和长期的学习能力。金字塔式知识结构既可以帮助学生提高基本的知识素养，也可以根据学校学习和社会工作的具体要求调整知识结构。将网络与新媒体专业学生的知识学习分为不同的板块，层层推进，逐渐构建学生的知识体系，借以培养能够适应快速变化的市场需求的人才。

在网络与新媒体专业教育中，金字塔式知识结构，第一个层级可以设置政治学、经济学、文学、史学、心理学、逻辑学等方面的知识，作为网络与新媒体专业的基础学习。在网络与新媒体专业教育的知识学习板块中，第一层级的知识是为了使该专业学生形成对世界的基本认知框架，培养学生的思维能力。这些基础的知识学习会为其打下学习的基石。在互联网环境下，传播者思维逻辑、思维模式与思维路径的变"态"创新与调整在很大程度上决定了传播影响力和文化渗透力的有效建构。这些基础知识将会影响网络与新媒体专业学生的思维路径、思维模式，从而逐渐明确网络与新媒体专业学生的培养目标。

第二个层级是以某一行业的需求作为培养目标，学生的知识学习仍处于相对宽泛的状态。网络与新媒体专业学生在这一阶段需要学习的是关于新闻传播领域的知识理论。这一阶段已经开始初步明确网络与新媒体专业的发展方向，也为其在这一行业中具体的培养教育做出规制。

第三个层级是将学生在第二层级中获得的行业知识进一步具体化。结合互联网的新特点与行业的具体分类，进一步明确网络与新媒体专业学生的发展方向。即对第二层级中接触到的行业进行具体划分，结合这一行业领域的市场需求，将网络与新媒体专业教育进一步细分，使其适应这一行业领域中细分条件下的市场需求。

第四个层级是将学生的知识学习与市场需要的知识技能相结合。"技术永续"和"产品策划"是网络与新媒体专业人才的"基因双螺旋"。这一板块中涉及的学习内容是与新媒体业务领域的具体工作相结合的，包括一些具体的操作环节，要求在掌握理论知识的基础上，掌握一些技术性的知识，目的是将学到的理论知识和养成的思维落实到具体的社会实践中。

第五个层级是最能体现学以致用的环节，要求进一步明确人才培养的目标，以及其能力所在。这一阶段的实践是将网络与新媒体专业学生的理论素养和思维能力与具体岗位或任务相结合，精准地定位人才培养目标。这一板块的学习更侧重于实践，将前几个板块所学到的理论知识和技术运用到具体的实践工作当中，属于网络与新媒体专业教育中金字塔式知识结构中的最后一个层级，随后学生就面临着真正的市场考验。这一板块的学习内容灵活性很强，可以根据学生和市场的需求做动态的调整。

在网络与新媒体专业教育中，提倡具有弹性的金字塔式知识结构，它的学习分板块、分阶段进行。前几个板块的学习是为了拓宽学生的发展空间。在学习的过程中，越往下一阶段进行，其灵活性、针对性和专业性就越强，学生和市场需求的匹配度就越高。网络与新媒体教育更应突出信息内容和思维层面训练，在具备基本思维能力和适应能力后，具体从事什么工作或投身什么行业，可以根据自身和市场的变化进行动态的调整。

（三）厘清教育理念：推动主体独创能力培养

网络与新媒体专业人才要想满足泛市场化的需求，需要有跨学科领域的知识技能，以及整合各种资源的能力和个性化的能力倾向。互联网时代，网络与新媒体专业人才的个性特色是一种不可代替的资本。

网络与新媒体专业的教育倾向受到原有院校特点和专业模块设置，以及院校所在区域等条件的影响。这些特色资源将为差异化人才的培养提供特色教育的基础。在网络与新媒体专业教育中，实现"跨学科""多技能"的融合，部分学校可以将自己的学校特色专业和区域文化等独有元素纳入其教育体系当中，以将新媒体教育与本校的特色资源相结合。

网络与新媒体专业人才独创能力的培养，要求高度结合学生特点和市场需求，塑造个性化的专业人才。任何行业或品牌形象都有其独特的立足点。个性化的塑造能吸引受众，占据一定市场份额。各行各业需要的人才是能适应自身文化特色的人才。网络与新媒体专业人才的独创性能力培养也是推动市场细分的重要因素。将市场的需求和教育特色相结合，可以有针对性地培养学生，充分挖掘学生潜力，增强学生的实践能力。在多变的市场需求下，网络与新媒体专业人才只有具备独创性能力，并融入复杂的市场发展中，才能在新媒体时代获得更好的发展。

（四）检视教育定位：追求人才的精准化投放

专业人才培养的重要目的是适应社会发展，迎接市场的挑战。任何专业能力的培养都服务于具体的工作实践。所以，网络与新媒体专业建设应以市场发展为导向，考虑专业出口与行业需求对接，做到"专业对位"，提高职我匹配度，从而高效地完成工作任务，实现经济价值。

网络与新媒体专业作为适应新媒体时代而生的专业，需遵循 OBE（Outcome-based Education）教育理念，做好市场调研，明确学生的培养目标。网络与新媒体专业的复合型人才塑造是为了让学生有更广阔的发展空间和更多的就业选择，能够更好地适应市场的各种需求。而精准定位市场需求则要求专业教育和市场接轨，针对市场的人才需求来培养人才。

高校毕业生就业难是由诸多原因导致的，但专业教育与市场脱节是其中一个重要原因。以市场需求倒推学生的培养方向有利于提高学生的就业率和职我匹配度。这要求重视教学的实践应用性，但精准定位市场需求不等同于职业教育。单纯的职业教育会限制网络与新媒体专业人才的发展前景，因此不提倡将人才培养具体到职位的培养，而要保持一定的弹性空间。按照市场需求来培养人才，明确培养目标，使学生能够更好地适应社会，提高实践能力，更准确地找到自己的职业定位。

校企结合是以市场的需求来规范学校的课程设置和教学板块，既有利于高校教育利用企业资源，有效地把控市场的需求方向，也有利于将学生的理论知识有效地与实践结合，提高学生的职场适应能力。网络与新媒体专业教育，要注重学术性、实践性、市场性，实现学校、用人单位与学生的三赢。这样才有利于将理论与实践结合、人才培养与市场需求结合，真正地提高高校的教育水平。

（五）推进差异教学：依附院校建设资源特色

"互联网+"思维模式下，各类传统业务也逐渐向互联网平台转移。新媒体环境下所有的运行环节都需要相应的人才来完成。因此，网络与新媒体人才的培养方向和培养模式不能过于局限于专业教育。各大高校的网络与新媒体专业建设需要结合学校的辐射范围、学校类型和隶属关系等因素予以考虑。

专业人才的培养是服务于某一行业或某一地域经济发展。学校影响力辐射范围在一定程度上影响了其专业人才的活跃地区。影响力辐射全国的高校，其网络与新媒体专业培养可以将其服务经济发展或市场行业的发展放宽到全国范围。而影响力区域性较强的高校，其网络与新媒体专业的培养需要更加贴近当地经济发展的需求和市场行业的人才需求。

网络与新媒体专业建设需要结合所在学院的类型，开设网络与新媒体专业的学校分为综合类学校、艺术类学校、工科类学校、师范类学校、体育类学校、语言类学校、财经类学校、农业类学校、民族类学校和政法类学校等类型。学校类型的划分也说明了其办学倾向，其教育资源也会有相应的倾斜。网络与新媒体专业建设特色向学校特色倾斜，能够享有更多的学校资源，这也使网络与新媒体专业的建设更加个性化。个性化的教学风格也更有利于明确网络与新媒体专业学生的就业方向。比如，民族类学校应立足本地，网络与新媒体专业教育应了解民族特色文化社会资源，突出其资源优势。

开设网络与新媒体专业的学校隶属于以下几个部门：省教育厅、教育委员会、区教育厅、教育部、国务院侨务办公室、中国地震局、国家安全生产监督管理总局。比如，防灾科技学院隶属于中国地震局，网络与新媒体专业应更多地肩负起防灾减灾方面的宣传工作。

互联网对现实社会的发展具有巨大的推动作用，有些学校的网络与新媒体专业按部就班，只会禁锢学生的创新素养，不利于其知识转化为现实的效果。因此，差异化教学对构建网络与新媒体专业特色教育有重要意义。

（六）专业组合教学：全媒体教学的格局分布

新媒体环境下，网络与新媒体专业承接的业务包括单纯的新媒体业务和传统媒体在互联网环境下的业务转型，以及"互联网+"范围内的相关内容。网络与新媒体专业人才需要应对的是全媒体格局带来的挑战，除了本专业核心内容，还需要熟练地掌握传统新闻传播学专业的相关知识内容。

网络与新媒体专业是在传统新闻传播专业基础上发展而来，又有巨大的突破。网络与新媒体专业的发展无法脱离它们的影响，承接了这些专业大量的知识理论。新闻学、传播学等传统新闻传播学类专业的发展相对成熟，因此网络与新媒体的专业教学建设需要这些专业的辅助。对于网络与新媒体专业而言，调动相关专业的师资力量、实验设备等教学资源，可以完善网络与新媒体专业的教学结构，推动全媒体创新人才的培养。

（七）推进实践教学：高校媒体矩阵助力教学

新媒体环境下，新旧媒体不再独立地运营，全媒体运营成为一种趋势。网络与新媒体专业人才需要全媒体传播能力和运营思维。在校内实践的过程中，可以将网络与新媒体专业的学生置于高校媒体矩阵中进行实训。高校媒体矩阵是指高校各个院系下属的各类媒体平台的分布格局。这些媒体囊括了院系微博、微信、网站、自办报刊等多种媒体形式，构成了微型的全媒体平台。但其从属于不同的院系，运营模式与设计理念也根据相应的院系有所不同。这样的校内实践不仅能使学生熟悉各类媒体的运营模式和设计理念，还可以训练学生根据具体平台的运营模式和设计思路，灵活调整知识结构的能力。

但各院系的媒体运营是由其所在院系的知识结构和院系特色决定的。因此，网络与新媒体专业学生要适应这些媒体平台的运营，也需要掌握相应的跨学科知识。这就要求高校为网络与新媒体专业提供跨学科选修课系统，以实现复合型人才培养的目标。高校各院系的媒体矩阵需要打破各自为政的现状，整合各院系的媒体资源和学科教学资源，致力于培养新媒体环境下的复合型人才。

（八）校外实践路径：校企联合培养优质人才

校企联合是指把产教融合、校企合作作为应用型人才培养的重要途径，有利于加强校企之间的交流，整合优势资源，构建教、学、产、研一体化的创新人才培养建设平台，实现学校、企业、学生三赢的目标。校企合作可以保障网络与新媒体专业学生在掌握基本理论知识的同时，将自己的可塑造能力与业界的具体业务相结合，将潜力充分地转变为能力。

通过校企合作，让企业承接一些网络与新媒体专业的实践教学任务，可以帮助学生提前接触市场业务。在企业的实践基地对学生进行实训，可以使学生更好地将所学知识融合，并根据具体业务灵活地调整自己的知识结构和思维倾向。这一点也是网络与新媒体专业金字塔式知识结构中的第五个阶层所要完成的任务。网络与新媒体专业所设的课程十分繁杂，且联系性较弱。只有在具体的业务训练中，才能将这些知识有效地整合起来，并形成适合学生自己的知识框架。

推行"行知模式"，让网络与新媒体专业的学生认清理论与实践的关系，及时调整学习状态，并以最好的状态迎接日后工作中的挑战。按照市场工作流程来培养学生，规制其思维能力和理论学习方向，也有利于为企业储备所需的人才，对提高网络与新媒体专业学生的就业率有重要意义，有利于教育资源投入变现为社会现实价值。

互联网，尤其是移动互联网的迅速发展，为社会的各行各业的运营环节带来了巨大的变化。互联网塑造的社会生活形态深入地融入社会的方方面面，网络与新媒体专业应运而生。互联网环境下，市场也对网络与新媒体专业人才提出了更高的要求。在互联网业务范围内的相关知识技能都需要网络与新媒体专业人才做到基本掌握。为了更好地适应互联网环境下的市场需求，网络与新媒体专业人才既要具备跨界思维能力和基本的可塑造能力，也要具备将自身特点和市场需求相结合的能力，并能够根据自我和市场不断地变化而进行自我重构的能力。

网络与新媒体专业与传统新闻传播类专业不同，是适应新媒体发展，兼具传播学、新闻学、广告学等相关学科前沿研究的综合性新兴专业。网络与新媒体专业教育不仅承载了互联网新兴业务，也担负着传统媒体行业转型的使命。该专业人才需要建构全媒体应用、产品生产和传播的能力。随着新媒体的发展，网民数量不断攀升，"互联网+"的社会发展模式逐渐形成。该专业以网络与新媒体命名，但其人才的工作空间不仅局限于媒体行业，而是整个"互联网+"环境。因此，该专业人才应该是复合型与应用型能力并重的新型人才，跨界思维与构建性思维能力是不可或缺的。

高校网络与新媒体专业的跨专业建设需要打破原来的教学思路和教学模块，调动院校的所有教学资源，培养具有扎实的人文基础、懂专业理论、重技术应用的网络与新媒体人才。从网络与新媒体专业的整体发展趋势来看，该专业人才是为了适应互联网大环境的发展需求而培养的。因此，其培养方向和就业目标不应过于单一，需要灵活地适应新的媒体环境下的市场要求。而且在人才培养过程中，应注重学生的个人发展特性，给予专业人才更广阔的发展空间。

网络与新媒体专业属于跨学科、跨专业的教学建设，在课程设置和教材设置上，会与其他专业有较大的重叠。但无论网络与新媒体专业的学科兼容性有多强，都必须保持自己的特色；需要注意将借用的其他学科的专业知识和理论进行有效融合；建立各类资源与本学科建设的逻辑联系，避免"大杂烩"。具体到每一个高校的网络与新媒体专业人才的培养，不应追求大而全。各个高校专业建设需要根据自身的教学资源特色和所服务的地区范围，进行特色化教学，真正地实现人才培养的现实效果转化。

各省高校对网络与新媒体专业的建设需要根据各省的发展情况和自身的特色进行，不能仅为扩大招生规模和迎合政策，而临时搭建专业，批量化生产"媒体民工"。这是一种极不负责任的教学现象。只有结合高校、市场、政策、人才个性化发展等各方面因素，才能真正地培养出高质量的人才。只为了教学而教学，不仅会浪费教育资源，也会使人才培养脱离市场需求，造成毕业即失业的尴尬局面。因此，网络与新媒体专业的建设要突破原有的教学理念和教学体系设置，不仅需要高校调动自身的各种教学资源，还需要发挥政府与企业等各方面的资源，对专业人才进行联合培养。

网络与新媒体专业学生在校学习时间是有限的，学校对学生的培养也是阶段性的，从而不能为学生的终生发展提供保障。因此，学校在培养网络与新媒体专业学生时，不仅要注重具体内容的教授，更应注重培养学生的自主学习能力，将学生培养成为具有可塑造能力的人才，引导学生找到适合自己的学习模式，以此来提高学生结合自身和行业变化不断地重塑自我、提升自我的能力，做到与时俱进、与需俱进。

总之，网络与新媒体专业尚处于探索阶段，虽已取得不错的发展成果，但各方面建设还存在许多不足之处。比如，新媒体的理论建设缺乏，专业建设与高校优势资源未充分结合，课程建设的系统性较差，独创性人才培养乏力等。针对专业建设中存在的问题，提出了相应的建议：网络与新媒体专业建设需要开启"互联网＋"学习模式，构建金字塔式知识结构的教学框架，推动主体独创能力培养，追求人才的精准化投放，依附院校建设的特色资源，构建全媒体教学格局，利用高校媒体矩阵助力校内实践教学，推动校企合作共建人才储备库。希望借此能为网络与新媒体专业教育做出贡献，培养具备构建性思维能力和跨界思维能力的复合型、创新型、应用型的高级人才，为新媒体环境下各行业的发展提供源源不断的高级人才，推动社会各项事业发展进步。

第五章　高等教育课程教学的依据与需求

第一节　课程育人概述

正确理解课程、课程类型、课程结构、课程实施、课程评价、课程育人等概念的科学内涵和大学课程的价值追求对于实现课程育人有着重要的指导意义，很难想象我们没有科学理解上述概念前，能够正确反思、构建、实施与评价大学课程的课程育人体系。

一、课程内涵

宋代朱熹在《朱子全书·论学》中多次提及"课程"一词，如"宽着期紧着课程""小立课程，大作工夫"等。这里"课程"的含义是指功课及其进程、学习内容的安排次序和规定。当代关于课程的内涵，常见的几种理解包括如下几种：课程即教学科目；课程即有计划的教学活动；课程即预期的学习结果；课程即学习经验；课程即社会文化的再生产；课程即社会改造；等等。上述理解分别代表了课程理论的知识中心课程理论、学生中心课程理论与社会中心课程理论的三种取向，其中知识中心课程理论至今依然是我国高校的主导课程范式。尽管有着不同的课程理论视角，但是课程研究领域对课程内涵的一个共识是：课程是学校为实现培养目标而选择的教育内容及其进程的总和，它包括学校教师所教授的各门学科和有目的、有计划的各种教育活动。这一课程内涵的界定融合了课程理论的三种取向，包含了学科科目、学生的在校经历与社会实践活动等，反映了课程具有获得学科知识与方法、丰富学生经验、传承与改造社会的育人功能。这一课程范式包含了学生在学校安排下所获得的一切经验，是一种大课程观；课程的主要内容是各种科目与教育活动等。对于高校而言，这一课程范式包含了大学的使命、培养目标与培养计划（含课程体系等）、课程大纲（含课程目标、课程内容、教学方法与评价体系）、课堂教学、校园文化与物质环境等。这一课程范式隐含着从学生的整体经验层面对其产生教育影响，从而促进学生的自由全面发展。

二、课程类型

（一）根据课程内容固有的属性分为学科课程、活动课程

学科课程是以学科为中心来编定的，根据知识逻辑体系，将所选出的知识组织为学科的课程。学科课程是学科本位的，其优点是重视学科知识的逻辑性与系统性，有助于学生系统学习和巩固基础知识，易于教师教授知识及进行教育评价，教学效率高。其缺点是易忽视学科间的联系，导致认识的割裂；易忽视与学生生活和社会实践的联系，忽视学生的兴趣和需要；易导致单调的教学组织和缺少变化的讲解式教学方法，不利于因材施教。所以，学科课程育人的优点在于系统学科知识与方法的传授，其育人的较大问题是易脱离学生的生活与不易调动学生的学习兴趣。目前，学科课程是高校课程体系的主导类型，如何充分发挥学科课程的育人功能是当前课程思政领域的一个热点问题。

活动课程是从学生的兴趣和需要出发，以学生主体性的活动经验为中心组织的课程。活动课程的特点是强调主动性，以及学生在活动中的主动经历、体验和操作；强调活动性，强调通过实践活动获得直接经验；突出综合性，强调综合知识的学习、综合能力与个性的发展。其优点是有利于发挥与培养学生的主动性，强调要结合学生的兴趣与经验，培养学生的综合能力。其可能带来的问题是易忽视知识本身的逻辑顺序，不利于学科知识的系统学习。实践是检验真理的唯一途径，马克思主义的真理观要求高校课程不能只是学科理论知识的学习，更应紧密结合实践开展各种活动，践行"课程活动化"与"活动课程化"。活动课程类型有常规性活动课（如班团队活动、毕业仪式）、科技类活动课（如种植养殖、金属加工）、联科活动课（如各种学科类的兴趣小组活动）、社会实践活动课（如社会服务、社会调查）。在课程活动化上，高校思想政治理论课常采用社会实践活动课的实践教学形式，这是一个为配合理论教学而有计划、有目的地组织大学生深入社会的一种社会实践活动，是一种通过社会实践以使大学生对所学理论有具体而深刻认识的过程。而活动课程化在高校的表现则有大学生社团活动与创新创业实践活动等。近年来由于创新创业日益显现出其在社会发展中的关键价值，各国高校都非常重视此类活动，比如美国斯坦福大学的大学生创新创业活动分为创新创业竞赛类活动和学术研讨类活动。其中斯坦福创业挑战赛、斯坦福社会创业挑战赛和斯坦福社会运动挑战赛赢得了全校学生的青睐，汇聚了来自教育学、历史学、社会学及众多理工类专业的学生。

（二）根据课程内容的组织分为分科课程与综合课程

分科课程是从不同门类学科中选取知识，按照知识自身的逻辑体系，以分科教学形式传授知识的课程。分科课程的优点是注重通过分科课程基础知识的系统学习来增长知识。分科课程的缺点是相关学科之间缺乏应有的横向联系，又由于知识分割过细，某些学科之间还存在不必要的重复，故占用了一些不该占用的教学时间。分科课程与学科课程的关系是，分科课程属于学科课程的下位概念，即分科课程是学科课程，但是学科课程可以是分科课程，也可以是综合学科课程。

综合课程是打破分科课程的知识领域，组合两个或两个以上的学科领域构成的课程。根据综合课程关注的中心主题或问题的来源，可以把综合课程分为学科本位综合课程（中心主题或问题源于学科知识）、社会本位综合课程（中心主题或问题源于社会生活现实）、经验本位综合课程（中心主题或问题源于学生自身的需要、动机、兴趣、经验）。常见的学科本位综合课程有物理化学、生物化学、材料基因工程，社会本位综合课程有"科学—技术—社会课程"（简称 STS 课程），经验本位综合课程有各种类型的活动课程。综合课程的优点是打破了学科间的界限，有利于培养学生对事物的整体认识能力；从学生生活、社会实际出发，具有较强的实践性，有利于调动学生的学习兴趣与培养学生的多方面能力。这种综合的特点体现了专业与非专业知识的综合、教师经验与学生经验的综合，以及学术与实践的综合等。建设与实施综合课程正日益成为高校教育改革的一大趋势，其在一定程度上也反映了学科交叉发展的趋势。众多高校把这类跨学科研究型课程作为现代高等学校课程体系中一个不可缺少的部分，如美国的杜克大学、马里兰大学、威斯康星大学、俄亥俄州立大学等都规定大学生必须参加一定学分的跨学科问题研究和学习。2020 年 12 月，教育部和国务院学位委员会联合发文，设立"交叉学科"门类，下设两个一级学科：集成电路科学与工程和国家安全学。教育部的这一最新举措也表明，新技术的突破、社会高端人才的培养需要学科综合与交叉的大力推行。

（三）根据课程管理的要求，分为必修课程与选修课程

必修课程是法定的，为保证所有学生的基本学力，要求全体学生或某一专业学生必须学习的课程。选修课程是学生可以按照一定规则自由选择学习的课程。在高校课程体系中，必修是指课程完全由学校决定，学生没有选择的权利；选修则是学校规定学生需要修读的学科领域和最低学分数，学生在此基础上进行自由选择。必修课程是实现人才培养目标的基石，选修课程则有利于学生多方面兴趣与个性化的发展及整个课程生态的建设。在一定程度上来说，选修课程也是个体自由全面发展的一个前提，

即只有给予学生一定的自由选择权，才能满足学生个体的发展需要，才能实现其独特的发展道路。选修课在美国高校课程体系中大量采用，学生可选择的范围也相当广，涵盖了除本专业必修课程之外的所有课程。

（四）根据课程开发与管理的主体分为国家课程与校本课程

国家课程是指国家委托有关部门或机构制定的课程方案与必修课程。校本课程指的是学校根据自己的教育理念，在对学校学生需求进行系统评估的基础上，充分利用区域和学校的课程资源，通过自行研究、设计或专业研究人员或其他力量合作等方式开发出的多样性、可供学生选择的课程。高校开发与实施校本课程可以充分利用地方与本校的教育资源，促进高校教师把自己的科研成果引入课程，满足学生的多样化兴趣和培养学生的创新意识，进而形成自己的办学特色。

（五）根据课程的表现形式分为显性课程和隐性课程

显性课程是正式列入学校教学计划的各门学科，以及有目的、有组织的教育活动。显性课程一般体现在学校的课程方案或培养方案中，是课程育人的主要平台。隐性课程是指学校范围内除显性课程之外的、按照一定的教育目的及其具体化的教育目标规范设计的校园文化要素的统称。这种校园文化要素包括实体性精神文化（如图书馆馆藏图书资料、实验设施等）、非实体性精神文化（如学校的规章制度、学校机构体制、教师的职业道德规范、师生关系等）、学校物质环境文化（如校园布局、建筑造型、教室环境、绿化环境等）。隐性课程所包含的这些要素对学生发展的影响具有无意识性、非预期性与隐藏性，都发挥着育人的作用。比如，高校教师的思想意识、价值观念、理想信念、思维方式会在课堂上，以及与学生交往的过程中对学生产生潜移默化的影响；学校采取的评价机制对师生价值导向的影响。

三、课程结构

课程结构是课程内部各要素的内在联系和相互结合的组织形式，其规定了课程体系中各课程类型的组合关系，以及各课程内部的组织关系等。结合前面论述的课程类型的各种分类，课程结构在宏观上表现为各种课程类型的有机组合，如必修课与选修课的组合关系；中观上表现为各类具体课程间的关系，如必修课中《中国近现代史纲要》与《毛泽东思想和中国特色社会主义理论体系概论》的关系；微观上表现为某一具体课程内部的内容组织，如《中国近现代史纲要》课程自身的内容体系（课程大纲与教材）。

课程结构也是高校人才培养方案的核心部分，是落实人才培养目标的载体。高校课程结构一般包括必修课程、选修课程、学时配比、课程开设的顺序及各类课程间的关系。

课程目标和教育目的、培养目标等概念有着密切的关联，如果以目标概括性程度为准则，可以依次分为：教育目的（总体目标）、培养目标、课程目标、教学目标。

教育目的是国家对把受教育者培养成什么样的人的总要求。作为对教育培养的人才而确定的质量规格和标准要求，教育目的是教育工作的出发点和归宿，统领各级各类学校，具有普遍性。一般来说，教育目的主要包括两个方面：一是培养为什么社会服务的人，对教育培养人才的社会价值做出定位，明确教育培养人才的社会立场；二是培养什么素质的人，对教育培养人才的身心素质做出规定，明确受教育者在哪些方面得到发展，发展的水平要求如何。

党的十九大报告指出："要全面贯彻党的教育方针，落实立德树人根本任务，发展素质教育，推进教育公平，培养德智体美全面发展的社会主义事业建设者和接班人。"2018 年 9 月 10 日的全国教育大会上，习近平总书记再次把"劳"与"德智体美"提到同等重要的位置。这充分体现了我国的教育目的，即坚持人才培养的社会主义性质，培养德智体美劳全面发展的人才。

培养目标是教育目的在各级各类学校的具体化，是对各级各类学校人才培养的特殊要求。培养目标在高校本科阶段表现为本科培养目标（包含在本科培养计划中）与具体专业的培养目标，一般有三种取向，即专才取向、通才取向、"通＋专"取向。美国名校多采取通才取向，如耶鲁大学本科生的培养理念是：任何一个在耶鲁读完四年大学的毕业生，如果他从耶鲁毕业时变成物理、电脑、化学或者是任何领域的专家，那是一种失败，因为四年大学教育的目标不是培养专家。而国内本科院校多数采取"通＋专"取向，如以培养德智体美劳全面发展的社会主义合格接班人为根本任务，以培养具有科学人文素养、创新精神、实践能力和国际视野的高级专门人才为基本要求。专业培养目标依据《普通高等学校本科专业类国家教学质量标准》和专业认证标准，结合行业、地区发展需求和专业特色，提出本专业的培养目标，体现培养人才的层次、类型和主要服务面向。

课程目标是指特定阶段的学校课程所要达到的预期结果。作为教育目标的下位概念，它指明了学习者在学习过程中或在学习完成后，应该掌握的知识与能力、理解的过程与方法以及体验的情感态度与价值观等。上述课程目标的界定体现了三维目标观。而从大课程观的视角，有学者认为可把培养目标归属于课程目标的范畴，不同层次、不同类型教育的培养目标也可称为课程目标，即培养目标和课程目标是一个重合的概念，两者不存在上下位关系。从大课程观的角度来说，大学的培养计划对应基础教育的课程计划，因此把培养目标视作课程目标的宏观体现也是合理的。本书主要是按照传统的观点来解读课程目标的内涵，即课程目标主要是指一门具体课程所要达到的预期育人效果。

厘清教育目的、培养目标与课程目标的内涵后，下面探讨这三个概念间的关系。教育目的具有最上位的概括性与一般性，其决定着培养目标与课程目标的内容和方向，教育目的又是基于某种教育价值取向来选择的，因此以何种教育价值取向为依据、制定何种教育目的，就决定了培养目标与课程目标的内容、性质与方向。我国当前教育目的的价值取向是自由全面发展的人与高度发展的社会主义事业，所以高校的培养目标与课程目标就必须紧紧围绕这一教育目的。而后确定课程目标，不仅有助于明确课程与教育目的、培养目标的衔接关系，从而明确课程编制工作的总体方向，还有助于课程内容的选择和组织，并可作为课程实施的基本依据和课程评价的主要准则。所以把教育目的与培养目标的育人追求转化为课程目标，这是课程开发者与实施者的一项重要任务。

科学化课程开发的里程碑式人物泰勒在其《课程与教学的基本原理》一书中提出，课程目标的三个来源分别是学习者的需要、社会生活的需要、学科发展的需要。这三个来源体现了课程目标的综合性，即课程目标旨在促进学生、社会与学科的发展需要满足。基础教育阶段课程目标包含在课程标准中。大学课程没有课程标准，也没有统一编写的课程目标，大学课程的课程目标一般在课程大纲中进行阐述，所以大学教师要有编写课程大纲与表述课程目标的能力。这要求大学教师要紧密结合我国的教育目的、高校与专业的培养目标，并且需要从课程目标的三大来源来清晰阐述自己所授课程的课程目标，以深入发挥课程的完整育人作用。

近年来，课程目标领域大力推崇学生发展的核心素养及其在教育中的实现。学生发展的核心素养（以下简称"核心素养"）主要是指学生应具备的，能够适应终身发展和社会发展需要的必备品格和关键能力。核心素养是以"全面发展的人"为核心，分为文化基础、自主发展、社会参与三个方面，综合表现为人文底蕴、科学精神、学会学习、健康生活、责任担当、实践创新六大素养。上述六大核心素养的凝练充分体现了我国的教育目的、培养目标与课程目标，揭示了社会主义事业建设者与接班人必备的品格与关键能力。其中，人文底蕴就是要培养人类文化精神中的正确价值取向、文明情怀与审美情趣；科学精神包括科学知识、理性思维与科学探究的方法，以及勇于探索求真的科学精神；学会学习是要学会用正确的学习策略与思维方法来自主学习，为终身学习打下基础；健康生活是要学会自我管理，获得身心的健康发展；责任担当主要是学生在处理与社会、国家、国际等关系方面所形成的情感态度、价值取向和行为方式，其具体包括社会责任、国家认同、国际理解等；实践创新是学生在日常活动、问题解决、适应挑战等方面所形成的实践能力、创新意识和行为表现，具体包括劳动意识、问题解决、技术应用等。目前，注重核心素养的发展业已成为基础教育课程体系的主要目标，那么对于高校课程，借鉴这一目标体系来构建高校课程的课程目标是值得尝试的。也有研究者提出，社会主义核心价值观是学生核心素养培育的理论导向、内在要求、实际基础和价值体现。所以，如何用社会主义核心价值观来引领大学生核心素养的培养是高校课程育人工作的一个新任务。

四、课程实施

课程实施的主要途径是教学活动。教学是教师的教与学生的学的统一活动，在这一活动中，学生掌握一定的知识和技能，身心获得一定的发展，形成良好的思想品德，教师也在其中获得自身的专业发展。教学作为教育的基本途径，能有目的、有计划地使学生掌握系统的科学文化基础知识，形成基本技能，发展学生智力，培养学生的基本能力，锻炼学生体力，提高学生的健康水平；培养学生高尚的审美情趣，养成良好的思想品德，形成科学的世界观及良好的个性心理品质。教学活动的上述基本任务与目标充分体现了赫尔巴特提出的教学所应具有的教育性。在教学过程中还需处理好以下五对关系。

一是掌握知识与思想品德教育相统一的关系。教学中既要注重科学文化知识的学习，也要发展学生的思想品德和政治素养，两者要有机结合起来。这一点充分体现了教学的教育性，教学不只是获得知识，更要发展学生的积极心理倾向，其中世界观、人生观、价值观是核心。三观正确向上在我国表现为树立和践行科学唯物主义世界观、人的全面自由发展与解放的人生观及社会主义核心价值观，三观正确的个体会在积极参与推动我国社会主义建设的进程中实现自我发展。因此，高校教师应积极在课堂教学中进行思想政治教育，充分调动与发挥学科课程的综合育人功能。

二是掌握知识与发展能力相统一的关系。知识是对客观世界的认识。能力是直接影响活动效率，并使活动顺利完成的个性心理特征。能力一般包括智力、学习能力、人际交往能力、创新能力、实践能力等。传授知识与发展能力二者是相互统一和相互促进的关系。知识是发展能力的基础，知识为开展活动提供了广阔的领域，只有有了某一方面的知识，才有可能去从事某方面的活动；缺乏知识是能力发展的障碍。同时，发展能力又是掌握知识的重要条件，掌握知识的速度与质量依赖于一定的智力、学习能力与人际能力等。智力水平高、学习能力强、会积极与他人合作交流的人，知识学得就快、就好。此外，我们有时说高分低能，就是指知识的多少与能力的高低并不等同。因此，教学过程中既要注重知识的学习，也要注重能力的培养，尤其是高阶能力（创新能力、实践能力）的发展，这些能力的发展不仅有利于知识的学习与掌握，也是个体发展与社会主义事业建设的要求。所以高校教师需要在教学中充分调动学生践行社会主义核心价值观与创新创业活动，在实践中深入学习知识，在实践中培养多方面的能力。

三是智力因素与非智力因素相统一的关系。智力是认识和解决问题的能力，包括注意力、观察力、记忆力、想象力、思维能力和问题解决能力等，其中抽象思维、批判性思维及创新思维是智力的核心。智力是影响学习的重要因素，影响着学生掌握知识与技能的速度、深度和灵活性，决定着学生学习的可教育性程度。非智力因素是指除了智力与能力又同智力活动效益发生交互作用的一切心理因素。一般来说，非智力因素就是指那些具有动力作用的个性心理因素，它包括需要、动机、兴趣、世界观、人生观、价值观、情感、意志、气质和性格等。在学习活动中，智力因素和非智力因素是相互制约、彼此促进的，智力发展会促进非智力因素积极特征的发展，非智力因素的积极特征对学习具有调节、控制、维持功能，是提高学习质量和促进智力发展的强大动力。因此，教学的任务是既要发展智力，又要培养非智力因素，并有意识地让智力促进非智力因素的发展，让非智力因素促进智力水平的提高。教学的任务在于培养自由的、完整的人，让个体潜能充分发挥出来，因此课程育人追求的不仅是行为或认知的发展，还包括情感、态度、社会主义核心价值观等的积极发展，进而促进学生发现与形成自己的独特品质。一个有着坚定社会主义理想与信念的人，必定会奋力拼搏来发挥自己的智力，直面我国当前社会亟待解决的重大问题。

四是间接经验与直接经验相统一的关系。教学活动以间接经验为主，但也要辅之以直接经验，把二者有机结合起来。学生要把间接经验的书本知识转化为自己的知识，必须有一定的直接经验作为基础。所以在加强理论知识教学的同时，也要充分利用学生已有的直接经验，并通过运用知识的实践（如实验与实习）扩大学生的直接经验，深入对知识的理解。为此，要防止两种倾向：一种是只重书本知识的传授，忽视学生的生活经验，把学生限制和束缚在书本世界之中，割裂了书本世界与现实生活世界之间的联系，致使课堂教学变得如同一潭死水，缺乏生机和活力；另一种是只强调学生的直接经验，忽视书本知识的学习，而无法系统建构学科知识。显然，对于当前的思政教学，忽视学生的直接经验是一个比较突出的问题。学生的社会和道德知识大多数是从亲身社会实践中得来的，学生的间接社会和道德知识只有与直接经验融合，才能在学生大脑中扎根和发挥作用。因此，在课程思政中必须紧密联系学生的生活经验来展开相关的思政教育。

五是教师主导作用与学生主体作用相统一的关系。教师的教主要依赖于学生的学，学生的学要靠教师教，教与学是辩证统一的关系。教师在教学活动中起主导作用。教师是教学活动的领导者与组织者，是学生学习的指导者和学习质量的检查者，引导学生沿着社会所期望的方向发展，使学生在实现自我的同时成为社会所需的人才。学生是教学活动的主体。主体性是个体在主客体间相互作用的过程中表现出来的自主性、能动性、创造性等特征。学生是有主动性、积极性的人，他们能够能动地反映与改造客观事物，他们的学习动机、兴趣、意志等都直接影响学习的效果。因此，在教学中必须发挥学生的主体性，事实上发展学生的主体性本身也是教学的目的之一。贯彻教师主导与学生主体相统一的教学规律，必须把二者有机结合起来，教师的主导作用和学生主体作用是相互促进的。教师的主导作用要依赖于学生主体作用的发挥，学生学习的主动性、积极性越高，说明教师的主导作用发挥得越好；反之，学生主体作用要依赖于教师的主导作用来实现。综上所述，教学体现了双重的育人性，教学不只是促进了学生的知识、能力、自我意识、个体主体性与思想品质等的发展，也促进了教师的专业发展。

五、课程评价

课程评价是根据一定的课程价值观或课程目标，运用一定的科学手段，通过系统地搜集信息、资料，分析、整理，对课程方案、课程实施过程和结果等的价值或特点做出判断，从而为课程决策提供可靠信息的过程。这一内涵的界定体现了泰勒的目标评价模式，也体现了课程评价为课程决策服务的功能，即判断课程方案与课程实施等是否有效服务于课程目标的实现，并根据这一判断采取跟进式的改进。课程评价的主要功能还包括鉴定与选拔、促进个体的发展。同时，课程评价不只是对学生进行鉴定、选拔与促进其发展，也对教师进行评价，对教师进行鉴定、选拔与促进其发展。

随着课程改革的不断推进，课程评价也日益注重以下几种转变：淡化甄别与选拔，重视发展，旨在促进被评价者的发展，实现评价功能的转化；注重综合评价，关注个体差异，实现评价指标的多元化；注重质性评价，定性与定量相结合，实现评价方法的多样化；强调自评与他评相结合，实现评价主体的多元化；注重过程，终结性评价与形成性评价相结合。在上述转变中，一个最为核心的转变是评价要以发展性评价为中心，旨在促进所有相关者的发展过程性评价。发展性评价是对学生学习过程中的表现及情感、态度、策略等方面的发展做出评价，是一种以促进学生发展为根本目的的评价方式。结合我国实际，发展性评价必须首先坚持把立德树人成效作为根本标准，坚持以德为先、能力为重、全面发展，尤其需要关注学生的道德品质、情感、态度与社会主义核心价值观等的积极发展，而不只是知识与技能的发展。

课程评价改革中另外两个值得关注的是倡导过程性评价与综合评价。2020 年 10 月，中共中央、国务院印发的《深化新时代教育评价改革总体方案》中提出："创新德智体美劳过程性评价办法，完善综合素质评价体系，切实引导学生坚定理想信念、厚植爱国主义情怀、加强品德修养、增长知识见识、培养奋斗精神、增强综合素质。"课程评价的这些转变致力于紧扣"培养什么样的人"的教育目标与课程目标，以充分发挥课程评价的育人功能。

六、课程育人内涵

2016 年 12 月，习近平总书记在全国高校思想政治会议上强调："要用好课堂教学这个主渠道……其他各门课都要守好一段渠、种好责任田，使各类课程与思想政治理论课同向同行，形成协同效应。"2017 年 12 月，教育部党组出台《高校思想政治工作质量提升工程实施纲要》（以下简称《实施纲要》），明确提出"课程育人"的要求。在三全育人的十大育人体系中，课程育人位列第一，这说明课程育人发挥着三全育人的排头兵作用。《实施纲要》的第一条原则提出："坚持育人导向，突出价值引领。全面统筹办学治校各领域、教育教学各环节、人才培养各方面的育人资源和育人力量，推动知识传授、能力培养与理想信念、价值理念、道德观念的教育有机结合，建立健全系统化育人长效机制。"《实施纲要》的第一个基本任务是课程育人质量提升体系，"要大力推动以'课程思政'为目标的课堂教学改革，优化课程设置，修订专业教材，完善教学设计，加强教学管理，梳理各门专业课程所蕴含的思想政治教育元素和所承载的思想政治教育功能，融入课堂教学各环节，实现思想政治教育与知识体系教育的有机统一"。

综合习近平总书记的讲话和《实施纲要》提出的育人原则、育人要求与课程育人的任务，我们可以对课程育人的内涵进行如下界定：课程育人就是课程既要促进学生的知识学习与能力发展，也要促进学生思想政治素质与品德的发展，并让知识与能力的发展和思想政治素质与品德的发展相互促进，培养德智体美劳自由全面发展的社会主义事业建设者与接班人。由于我国一线教育实践长期以来一直强调知识学习与能力培养及其评价，对学生思想政治素质与品德的发展重视不够，带来了众多的学生发展与社会发展问题。为了大力推进我国社会主义事业的建设和中华民族的伟大复兴，课程育人的内涵需要更多地凸显"课程思政"的时代特征与要求。综上所述，课程育人的完整内涵是课程要促进知识、能力和思想政治素质、道德品质的协同发展，培养德智体美劳自由全面发展的社会主义事业建设者和接班人。课程育人的新时代特征与要求是突出强调课程对思想政治素质与道德品质的育人功能，也就是课程思政。"课程思政"是将思想政治教育融入课程教学的各环节、各方面，以"隐性思政"的功用与"显性思政"——思想政治理论课一道，共同构建全课程育人格局。这一隐性思政的功用在一定程度上是隐性课程，也体现了综合课程的性质，即某一学科课程与思政课程的融合。

联系前面阐述的课程内涵、课程类型、课程结构、课程目标、课程实施与课程评价，这要求我们以一种大课程观或课程结构的视角来审视课程育人的完整内容。课程是学校提供的各种科目与有计划、有目的的教育活动的总和，课程结构涉及各种课程类型的有机结合，课程目标涉及课程结构的整体目标与具体某一课程的目标，课程实施的主要途径包括第一课堂教学与第二课堂等，课程评价是对课程目标达成度的评价。这要求我们在构建课程体系、阐述课程目标、实施课堂教学与进行课程评价的过程中牢记课程育人的时代使命，审视课程的每一个环节是否符合三全育人与课程育人的要求，真正做到课程育人的全阶段落实。

需要指出的是，课程育人的对象不只是学生，也包括教育工作者（如教师、教育教学管理人员、教育服务人员等）。在《实施纲要》的"十大"育人体系中，基本上提的都是"师生"，而在课程育人体系的思政课程与课程思政中，应该说没有授课教师自身的思想政治素质与道德品质的提升，很难有学生的相应发展。因此，课程育人也必须追求育人工作者的"又红又专"。

第二节　课程育人是应对现实发展的需要

长期以来，我们一直强调思想政治素质与品德的发展，我国的教育目的更是旗帜鲜明地提出培养德智体美劳自由全面发展的社会主义事业建设者与接班人。但是由于现实中教育评价体制的方向性与指导性作用，思想政治素质与品德的评价在整个教育评价体系中不占据中心位置，教育评价主要是看课程考试分数、论文发表与科研成果等，这使我们的教育实践主要致力于促进学生知识的掌握、能力的发展与科研成果的产生，而对思想政治素质与品德的发展不够重视。这一过于强调智育而不重视德育的教育实践带来了一系列的学生发展问题与社会发展问题。而全面落实"三全育人"与"十大"育人体系的工作则有助于解决这些问题和应对当前学生发展与社会发展的困境。

一、课程育人是应对大学生素质发展挑战的必然要求

大学生是建设社会主义事业的生力军，是一股最有活力与激情的力量，他们对于新生事物和突发事件反应强烈、敏感，易受外界条件的影响，具有极强的可塑性。由于我国大学生在进入大学前有着强烈的、明确的奋斗目标（即考上理想的大学），他们主要受求学压力与动力的影响。而当他们来到大学，进入一种崭新的学习与生活世界时，面对多姿多彩的大学校园生活、纷繁芜杂的社会大环境及良莠不齐的网络世界，很多大学生面临着成长与迷惘、奋斗与诱惑、正能量与不良信息的抉择与困扰。在这样的新环境影响下，他们的可塑性显得更为明显，同时，他们面对着人生中又一次的全新挑战与发展任务。其中尤以身心素质的协调发展（尤其是思想政治素质、品德与知识能力间的协调发展）任务最大，要帮助大学生成功应对这一挑战与顺利完成发展任务，作为育人的主阵地，大学课程体系必须充分发挥其育人功能，促进大学生素质的协调发展与实现高等教育人才培养的目标。

那么，我们培养的大学生的素质状况如何？又存在哪些问题？大学课程在促进大学生素质的发展中可以发挥怎样的作用？要探讨上述问题，我们首先需要厘清素质的内涵。一般认为，狭义的素质是指人的身体、器官及其机能上的特点。广义的素质是指以先天遗传的生理特点为基础，在后天环境的作用下形成和发展起来的身体及精神各方面相对稳定的品质结构。素质一般可以分为身体素质（或生理素质）、心理素质与社会素质。身体素质是素质发展的物质基础，主要包括力量、速度、耐力、灵敏和柔韧等人体在日常生活、劳动及体育活动中所表现出来的基本能力。心理素质是指在一定遗传素质的基础上，在自身努力与外界教育、环境的影响下所形成的心理状态、心理品质与心理能力的综合。一般认为，心理素质具体包括个体的心理倾向（如兴趣、动机、人生观、价值观等）、心理特征（如情感特征、意志特征等）与能力（如智力、学习能力、实践能力等）。而社会素质是人的社会性的集中体现，主要包括政治素质、

道德素质、思想素质、科学文化素质、审美素质等。我国的教育目的要求我们把培养学生的思想政治素质与道德素质放在首位，坚持立德树人，培养社会主义事业的建设者与接班人；同时大力发展学生的身体素质、心理素质及其他社会素质。结合上述素质的内涵与类型，下面来考察当前我国大学生的各种素质的发展状况以及课程育人在素质协调发展中的作用。

（一）课程育人是身体素质发展的需要

身体素质不只是个人发展的物质基础，其本身的发展也会促进心理素质与社会素质的发展，如团体篮球比赛可以促进意志力、自我调节力、团队合作与领导力等的发展。身体素质在一定程度上受到先天遗传的影响，也是后天发展的结果。针对大学生身体素质的不尽如人意，大学课程体系必须加强体育类课程的学时比例与评价机制，督促师生保质保量地参与和完成各项体育锻炼项目，充分发挥体育课程提高学生身体素质的主阵地作用；同时可以通过课程思政的形式，在体育活动过程中促进学生思想品德等的发展。

（二）课程育人是心理素质发展的需要

当今时代是知识经济时代，知识经济时代最显著的特征是新知识的生产，而新知识的生产需要直觉思维、批判性思维、创新与解决问题的能力等，这些能力都属于个体的心理素质范畴。知识经济时代的到来，必将对当代大学生的心理素质产生强烈冲击和全方位挑战。为了响应知识经济时代对于创新等能力的要求和帮助学生应对上述挑战，中共中央、国务院在《关于深化教育改革全面推进素质教育的决定》中指出："实施素质教育，就是全面贯彻党的教育方针，以提高国民素质为根本宗旨，以培养学生的创新精神和实践能力为重点，造就'有理想、有道德、有文化、有纪律'的德智体美劳等全面发展的社会主义事业建设者和接班人。"

国家层面对于知识经济时代所需要的心理素质培养的举措是比较多的，如创新创业教育、心理健康教育、素质拓展项目等，然而现实中大学生的心理素质发展状况并不令人满意。综合众多国内的此类研究，我们不难发现，我国大学生的心理素质（尤其是批判性思维、发散性思维、创新精神、实践能力与学习动机等）的发展水平和知识经济时代的要求，以及学生自身的发展要求还是有差距的。我国学生的优点是知识掌握得比较牢固，缺点是在一些关键能力上发展不足，这要求我们进一步明确大学课程体系的课程目标，把培养高素质、解决实践问题的创新型人才作为我们的价值追求；整体构建综合的大学课程体系，通过各种类型的课程组合和灵活多样的课程实施方式，以及多样的课程评价方式促进大学生多方面的心理素质的高水平发展。

（三）课程育人是社会素质发展的需要

社会素质由信仰、道德、职业意识、价值取向及知识技能等多方面内容或要素组成，这些内容或要素相互影响、相互作用，从而让个体适应社会。在大学生的社会素质发展层面，其主要涉及思想政治素质、道德素质、文化素质等方面的发展。思想政治素质是一个人的政治态度、政治观点、思想观念、理论素养和道德品质等基本政治品质的总称。道德素质是一个人在社会生活中如何为人处世、如何处理同他人、同社会各种关系，一个人在社会生活中自觉遵守社会道德规范的品质。在社会素质中，道德素质是基础，思想政治素质是核心，是最重要的素质。我们的教育要立德树人，更要培养社会主义事业建设者与接班人，不断增强学生的社会主义核心价值观。同时，由于大学生进入人生的第一次独立探索阶段，面对环境中的各种良莠不齐的信息与诱惑，需要应对各种复杂的社会形势与社会关系问题，这都需要我们来培养其良好的思想政治素质与道德素质。

综上所述，我国大学生的思想政治素质与道德素质整体较好，但也存在一些问题，突出体现在社会主义信念与社会主义核心价值观还不够坚定，世界观与人生观及道德素质发展相对不足。这要求我们建设好大学课程体系，牢固树立"立德树人，培养又红又专的复合型人才"的课程目标，大力提升思政课程的育人效果，充分挖掘各门课程的思政育人要素，整体发挥课程思政的育人功能。只有充分提升大学生的思想政治素质与道德素质的发展水平，提升大学生对社会主义事业的建设热情、理想与信念，他们才能得以更好地实现自身价值。

二、课程育人是社会文明建设的要求

在改革开放的四十多年中，我国社会主义事业取得了辉煌的成就。我们以经济体制改革为牵引，政治、文化、社会、生态文明体制配套推进，已经形成系统、全面深化改革开放的大好局面。目前，我国社会主义事业进入新发展阶段，开启了全面建设社会主义现代化国家的新征程，也有了一些新挑战与新矛盾，主要是人民日益增长的美好生活需要和不平衡不充分的发展之间的矛盾。这一主要矛盾具体表现为地区发展不均衡，城乡二元结构的不平衡，结构性过剩和结构性不足并存，政治生态还需要继续强化，基础科学和核心技术与发达国家依然有差距，文化事业还不够繁荣。同时，当今世界处于百年未有之大变局：世界权力出现去中心化趋势，国际力量对比呈现历史性变化；大国博弈日趋激烈推动国际体系发生深刻变革；经济全球化与逆全球化交错发展，给全球经济治理带来诸多新挑战；新一轮科技和产业革命在加快重塑世界的同时也带来更多不确定性。面对上述国内矛盾的新变化、国际形势的大变局，以及新时代社会主义建设的新任务，我们需要培养更有创造力与能解决实践问题的各种类型的人才。高等教育肩负着人才培养的大任，而人才培养的主阵地是课程，所以我们必须要充分发挥课程育人的主阵地功能，通过课程培养社会发展急需的各类人才。下面分别就课程育人对社会文明各主要领域的意义进行论述。

（一）课程育人是政治文明建设的需要

政治文明是社会文明的重要组成部分，是社会主义建设和发展的重要目标。政治文明是指人类改造社会的政治成果总和，是人类政治活动的进步状态和发展程度的标志。政治文明不仅关系着政治制度、体制、法律、规则和相应的理念，而且关系着政治体制和政治法规的结构合理与程序合理，包含着作为政治主体的人的政治精神与政治行为的合理化与现代化。要建好我国社会主义事业的政治文明，高校必须培养具有高水平政治精神与政治行为的现代合格公民，加强大学生政治教育刻不容缓。前面提到我国大学生的思想政治素质还存在较多的问题，这要求我们要继续加强大学生的思政教育，提升思想政治理论课的思政效果，建设好社会主义意识形态教育和思想道德教育的主阵地。同时在其他课程中引入思政要素，潜移默化地实施思政教育。通过课程育人，培养学生坚定的社会主义信念与价值观，并且积极合法地参与社会政治活动，维护社会安定，遵守社会制度与规范，积极推进社会主义文明的建设。

（二）课程育人是经济均衡发展的需要

经济发展一直是我国改革开放的主要抓手，取得了非凡的发展成就。这要求我们大力培养各种类型的高素质人才，因为经济社会发展不仅需要勇于创新的基础科学和高新技术研究人才，也需要视野开阔的经营管理人才、善于将新成果转化为新产品的应用人才，更需要直接服务于社会的具有熟练技术技能的实用型人才。课程作为培养人才的主阵地，也必须服务于我国新时代产业经济的发展要求，致力于培养具备综合素质的、能解决经济建设中实际问题的人。这要求大学课程的课程目标要紧密结合新时代经济建设的任务与要求，课程内容要充分联系现实经济建设的内容，课程实施要充分调动学生来合作探究经济建设的有效方案与途径，课程评价要关注学生对于现实科技与产业发展的思维与应对能力。

（三）课程育人是新时代文化建设的需要

新时代的文化建设涉及文化自觉、文化自信与文化自强的建设。

文化自觉主要指一个民族、一个政党在文化上的觉悟和觉醒，包括对文化在历史进步中地位作用的深刻认识、对文化发展规律的正确把握、对发展文化历史责任的主动担当。文化自觉是坚定社会主义文化自信和建设中国特色社会主义文化强国的前提和基础，我们的大学生在这方面的发展情况如何呢？对于中国特色社会主义先进文化，一些大学生存在关注度不够、认识不深入与参与度不足的情况。因此，我们需要借助思政课程与课程思政来培养大学生的文化自觉意识，让学生认识到我国传统文化与社会主义先进文化对人的素养发展与社会的发展所具有的巨大作用，对文化发展的过程有着科学的认识，而且要有勇于继承传统文化和创造新时代文化的历史使命感。

文化自信是一个国家、一个民族、一个政党对自身文化价值的充分肯定，对自身文化生命力的坚定信念。习近平总书记在不同场合多次阐述文化自信，将文化自信发展为继"道路自信、理论自信、制度自信"后的第四个自信，逐步形成了具有中国特色和新时代内涵的文化自信思想。习近平总书记指出：中国特色社会主义文化，源自中华民族五千多年文明历史所孕育的中华优秀传统文化，熔铸于党领导人民在革命、建设、改革中创造的革命文化和社会主义先进文化，植根于中国特色社会主义伟大实践。所以，新时代的文化自信就是对中华民族优秀传统文化、党领导下的革命文化和社会主义先进文化产生强烈的认同感与自豪感。这要求我们要着力培养大学生的文化自信，然而现实中部分大学生文化自信的发展现状令人担忧，主要表现在对民族传统文化认知不足、对西方外来文化盲目认同和对当代中国先进文化不够关注。一个重要原因是长期以来西方发达国家借助其科技与经济优势，利用电影电视、网络和新媒体社交工具输出其价值观与文化模式，逐步进行文化渗透，妄图削弱我国传统文化与社会主义文化的凝聚力与向心力。为此，我们需要通过课程育人，通过思政课程与课程思政来协同培养大学生坚定的文化自信感，增强对中华民族文化的认同，促进传统文化与新时代的融合，批判借鉴外来文化，创造一种以社会主义核心价值观为核心的新时代文化。

文化自强的内涵首先是"自"，就是立足自己的实际，依靠自己的力量，突出自己的特色，走自己的文化发展道路，建设面向现代化、面向世界、面向未来的民族的、科学的、大众的社会主义先进文化；然后是"强"，就是要使我们的文化具有强大的吸引力影响力、强大的活力创造力、强大的实力竞争力，把我国建设成一个中国特色社会主义的文化强国。简而言之，文化自强就是要立足自身，发展出具有强大活力与吸引力的中国特色社会主义的文化。这要求我们的大学生具有创造新时代文化的实践能力，这一实践能力的培养不是坐而论道培养出来的，而是在创造新文化的实践中逐步培养出来的。为此，大学的课程体系不仅要渗透大量的优秀传统文化与社会主义先进文化，而且大学课程本身就是一种新时代文化建设的平台。显性课程的课程目标需要包括社会主义新时代文化的建设目标，课程实施中也包含了师生合作建设新文化的实践；隐性课程（如校风、班风、社团活动、实践活动等）的建设与实施中同样可以增加大量的新时代的文化元素。

总之，社会主义新时代的文化建设需要我们充分发挥课程育人的主阵地作用，培养高文化素质的大学生，让学生树立起深刻的文化自觉意识与坚定的文化自信信念，更要促使他们投身到新时代文化自强的建设事业中。

（四）课程育人是生态文明建设的需要

以习近平总书记为核心的党中央坚持以人民为中心，创立习近平生态文明思想，不断开拓关于生态文明认识的新视野、新境界。生态文明是指人类在开发利用自然的时候，从维护社会、经济、自然系统的整体利益出发，尊重自然，保护自然，致力于现代化的生态环境建设，提高生态环境质量，使现代经济社会的发展建立在生态系统良性循环的基础之上，有效解决人类经济社会活动的需求同自然生态环境系统供给之间的矛盾，实现人与自然的共同进化。生态文明的具体内容包括生态物质文明（如绿色食品、绿色产业、生态建筑等）、生态精神文明（包括生态意识、生态道德、生态情感与生态制度等），以及生态行为文明（不同主体表现出来的生态文明行为，如人们的垃圾分类行为、不乱扔垃圾行为）。生态文明建设作为新时代建设的一个重要课题，致力于人与自然的可持续的协调发展，致力于"建设美丽中国，实现中华民族永续发展"。然而，当空气污染、食品污染、水污染等问题频发时，我们就知道生态文明的建设还需要花大力气，还需要大力培养新时代生态文明的建设者。这要求我们必须通过课程思政与思政课程来不断促进大学生发展出新时代的生态意识、生态道德与情感及践行度好的生态行为，围绕生态文明的建设设置相关的课程，把生态文明素质融入课程目标、课程内容、课程实施及课程评价中。

综上所述，作为大学育人的主阵地，课程是培养人才的主要途径。只有充分发挥课程育人的整体作用，才能促进学生的全面发展，我们培养的人才能自信又自豪地投身社会主义新时代的政治建设、经济建设、文化建设、生态文明建设中。这要求我们整体建设大学课程体系，把新时代要求的各项建设目标与内容融入课程中，致力于培养各条建设战线上的新时代人才。

第三节　课程育人是新时代高等教育使命的需要

习近平总书记在党的十九大报告中把"坚持以人民为中心"作为新时代坚持和发展中国特色社会主义的重要内容。我们党的初心和使命是为中国人民谋幸福、为中华民族谋复兴，我们党的根本宗旨是全心全意为人民服务。习近平总书记在报告中还提到，必须坚持人民主体地位，坚持立党为公、执政为民，践行全心全意为人民服务的根本宗旨，把党的群众路线贯彻到治国理政全部活动之中，把人民对美好生活的向往作为奋斗目标，依靠人民创造历史伟业。这一坚持以人民为中心的价值追求和执政为民的责任担当为新时代高校使命的构建提供了基本价值追求。为了满足人民的发展需要与美好生活的实现，为了服务于社会主义新时代的文明建设，新时代高校的使命就是"立德树人，培养德智体美劳全面发展的社会主义事业建设者与接班人"。下面分别从四个方面对课程育人与新时代高等教育使命的关系进行论述。

一、课程育人是落实高校立德树人使命的要求

大学的立身之本在于立德树人，特别是帮助青年学生树立正确的世界观、价值观，定位人生的航向。"才者，德之资也；德者，才之帅也。"然而过去存在的一个潜在问题是，我们过于重视对学生智育的培养而忽视对学生品德、社会主义信念与核心价值观的养成，这导致一部分高校学生不同程度地出现理想信念模糊、政治信仰迷茫、价值取向扭曲等倾向，大学生的德育工作遇到很多新问题和新挑战。有些高校眼中只盯着论文与课题，忽视立德与育人，只关注学术成果有没有效益，却忘了追问是否立场端正。面对当前青年一代成长的复杂社会环境与高校德育工作的不足，我们要追问的是，如果我们高校培养的人没有形成为人民谋幸福的社会主义信念与价值观，而是成了精致的利己主义者，那么我们的社会主义事业又该如何建设？为此，我们要牢记党中央提出的立德树人的时代使命，培养政治信念坚定、德才兼备、以德为先的社会主义新时代的新人。这一新人的培养过程是育人和育才相统一的过程，育人是本，人无德不立，育才固然很重要，但育人更重要。

作为高校培养人才的主阵地，课程对于落实高校立德树人的使命有着极为关键的作用。课程是培养人思想政治素质、道德素质等素质的主要载体，各种课程类型及其组合形成的课程结构，具体的课程目标与内容，以及课程的实施与评价等直接决定着

大学立德树人的整体效果。通过思想政治理论课与高校各类课程同向同行地发挥课程育人的协同效应，高校可以促进学生各项素质的协调发展，尤其是思想政治素质与品德素质的发展，增强大学生的道路自信、理论自信、制度自信和文化自信，将自己的发展和社会主义事业的建设与中华民族的伟大复兴紧密结合起来，努力成长为有着崇高道德品质、远大理想与抱负且付诸持续实践的社会主义实干家。所以，构建全课程育人的高校思想政治教育体系，促进知识传授、能力培养与价值引领的深度融合是向"大学之道，在明明德，在亲民，在止于至善"的回归，也是落实高校立德树人根本使命的必然要求。

二、课程育人是维护高校意识形态安全的必然要求

意识形态工作是党和国家的一项极其重要的工作，这项工作关系着全国人民凝聚力与向心力的生成，以及我国社会主义事业建设的顺利推进。高校是培养社会主义事业建设者与接班人的重要基地，也是意识形态工作的重要阵地。高校的意识形态安全工作关系着高校的社会主义办学方向，关系着能否落实立德树人的根本任务，关系着"高校培养什么样的人"和"为谁培养人"的重大政治问题。因此，做好意识形态工作是高校的一项重要使命与任务。

高校的意识形态工作是一项任务艰巨的工作，一方面，大学生具有较强的可塑性，其人生观、价值观、理想信念等尚未牢固确立，易受社会媒体、网络信息等的影响，在多元文化的冲击与西方价值渗透中，他们可能会逐步失去对社会主义理想信念与价值观的信心。另一方面，西方势力一直在各种渠道中进行思想意识形态的渗透工作。这些对高校的意识形态工作带来众多挑战。

为了应对上述高校意识形态工作中存在的问题，培养又红又专的新时代人才，高校必须肩负起新时代意识形态工作的使命与担当。为此，我们需要充分借助课程育人的主阵地，构建全课程育人的高校思想政治教育系统，通过相关的课程设置，把确立社会主义意识形态作为课程目标的一个重要追求，在各种类型的课程及其教育教学活动中渗透思政要素，向师生与社会大众积极传播中国特色社会主义的思想文化，促进师生与广大人民牢固树立起以社会主义核心价值观为中心的社会主义意识形态。

创新是一个国家和民族进步的灵魂，是一个国家兴旺发达的不竭动力。从"科技创新、制度创新要协同发挥作用，两个轮子一起转"到"创新驱动实质上是人才驱动"，习近平总书记一再强调"创新"，并指出"坚持把创新作为引领发展的第一动力"。在党的十九大报告中，习近平总书记从新时代与新发展阶段的战略高度，庄严宣告"坚

定实施科教兴国战略、人才强国战略、创新驱动发展战略"。上述战略的核心指向是高素质创新人才的培养，而高等教育的一个基础使命与任务就是培养人才。在新时代与新发展阶段下，为了解决基础研究与核心技术的"卡脖子"难题，我们必须加快建设高等教育强国和加快"双一流"建设，实现高等教育内涵式发展，通过创新驱动培养创新型人才。

为此，我们要改革大学课程体系，不只是设置几门创新创业课程，还要实施大课程的创新创业教育，让其他课程协同发挥培养创新人才的育人作用。其他课程也不只是在课程中进行创新思维培养与创业实践活动，更需要通过对大学生的思想、情感与行为进行价值引导，培养学生的中国精神与社会主义价值观，促使其发展出符合社会主义新的发展阶段的要求的创新理想与追求，主动迎难而上、奋发图强、立志于解决基础研究与核心技术等领域的重大难题，为中国特色社会主义道路的创新发展贡献自己的智慧。

三、课程育人是落实大学文化传承与创新使命的要求

文化是一个国家、一个民族的灵魂。在 5000 多年文明发展中孕育的中华优秀传统文化，在党和人民伟大斗争中孕育的革命文化和社会主义先进文化，积淀着中华民族最深层的精神追求，代表着中华民族独特的精神标识。党的十九届五中全会进一步提出了到 2035 年建成文化强国的战略目标，这一文化强国的建设目标对大学文化传承与创新的使命提出了新的时代要求。

大学不仅肩负着人才培养、科学研究与社会服务的使命，其本身作为一个文化的堡垒，也传承着人类社会的优秀文化，更是时代文化的一面旗帜，引领着时代文化的创新。今天，在中华民族伟大复兴的战略全局与世界百年未有之大变局的时代背景下，大学也要肩负起社会主义新时代文化建设的使命。大学，无论出于其文化本质，还是其肩负的文化使命和时代责任，都有必要积极地成为社会先进文化塑造和传播的重要平台，成为文化强国战略推行的积极参与者。大学要不忘初心，不仅要守住自己"高贵而神圣的场所"，坚守"成为社会的良心、人类精神的家园"，更要成为新时代文化的一面旗帜。

课程作为大学育人的主阵地，新时代大学的文化传承与创新使命要求课程必须切实发挥文化育人的作用。文化育人就是要反对人才培养的功利性、暂时性和工具性，强调以高度的文化自觉和教育意识，弘扬理想主义，重视人文关怀，不断塑造学生的高尚人格，促进学生的全面发展。这要求我们把我国优秀的传统文化、社会主义先进

文化与社会主义新时代的文化整合与渗透到大学课程中来，要在各项教育教学活动中注意发掘文化元素，促使师生发展出清晰的文化自觉、坚定的文化自信与开展创造性的文化自强活动，让师生都成为文化素质高、引领时代的社会主义事业的建设者与接班人。

综上所述，作为高校育人工作的主要途径与主阵地，大学课程体系对于具体落实高校立德树人的使命、维护国家意识形态安全的使命、培养创新人才的使命及文化传承与创新的使命有着关键性的作用与价值。大学也必须充分发挥课程育人的作用，为社会主义新时代的建设培养又红又专的创新型人才。

第四节　网络与新媒体专业课程项目式探究——以数字媒体艺术为例

一、分析结合新文科要求来改革数字媒体专业课程的重要性

（一）有利于突破传统教学思维模式的限制

在新文科背景的影响下，高等学科专业课程的目标和实践过程发生了较大改善，且突破了传统教学思维中单一化教学的局限性，还对教学的目标进行了补充，使数字媒体艺术专业能够实现理论创新、模式创新以及机制创新的教育目标。例如，在新文科逐渐融入数字媒体专业课程中时，各高校内的数字媒体专业教学内容和方式发生了变化。首先，数字艺术媒体专业中出现了多个有关新文科的学科增长点，使数字媒体艺术的专业课程逐渐从理论性转变为研究性，该现象表现为学科内的专业实践活动更加丰富，学科创作环节更加具体。其次，从传统的数字媒体艺术教育的课程性质来看，各高校大多将数字媒体艺术学科作为一项独立的艺术设计课程，并且根据课程发展的需要来制定独立的专业课程，而新文科背景下的数字媒体艺术专业课程便出现了较为明显的变化，即学科专业课程逐渐产生融合性，比如与平面设计类学科共同研究设计美学、与数字媒体工科共同研究设计技术等。这一现象与新文科课程发展的融合性息息相关，也是对传统教学思维模式突破的一种表现。

（二）有利于进一步提高数字媒体艺术专业人才质量

在传统高校专业教育下，数字媒体艺术专业培养出很多从事于电影领域、电脑动画、虚拟现实等设计机构的人才，且为数字媒体这一行业注入了大量的活力。但尽管如此，人才的质量仍然是高校专业发展中的一项重大难题。而在新文科背景下，高校

数字媒体艺术专业人才的质量得到了有效提高，其原因主要在于高校专业人才培养规划得到改善，且课程的教学内容更加贴近行业对于人才技能的要求。除此之外，在课程的内容方面，新文科背景下的数字媒体艺术专业课程更加倾向于学生的自主实践，比如，在实践创作课程中，许多高校结合艺术设计大赛引导学生进行自我创作，从而提高学生的专业能力。

二、分析新文科背景下影响数字媒体艺术专业课程改革的主要因素

（一）教学资源受到制约

许多高校的数字媒体艺术专业课程与其他设计类专业课程存在较大差异，这表现在数媒专业的专业课程大多需要基于数字设备的使用来完成，这也使教学资源成为影响教学改革的重要因素。例如，在具体的实践操作过程中，学生对于影视内容的设计创作需要运用多种电子信息设备，如电脑、绘画板、摄像机等，但由于在具体的课堂教学中，此类设备以及相关教学资源有所欠缺，所以教师在课堂中只能以理论为主，在学生可接受的范围之内完成专业课程的教学。而这一现象与新文科对于专业课程的改革策略有所冲突，其主要表现在课堂无法实现机制创新和模式创新，使专业教学不得已停滞在理论教育的阶段，影响了课程在未来实践化改革的发展。

（二）学科教育过于注重学生专业技能的培养

新文科背景下的专业课程改革要求教师发挥学科融合性的特征，将多种学科中存在互通性的知识进行相互渗透与拓展，从而培养出高质量的专业人才。但从当前部分高校的数字媒体艺术专业发展来看，其过于注重对于学生专业技能的培养，而忽略了运用学科交叉融合进行教学发展的重要策略，导致高校内专业课程违背了新文科背景下对于教学发展的要求。

（三）新文科教育理念在课程改革中表现不明显

教育理念对于专业课程的改革具有决定性的影响，而在部分高校的数字媒体艺术专业课程改革中，尽管教师具备一定的新文科教育理念，但在具体的教学过程中却未能有效地体现，以至于新文科背景对于专业课程改革的要求逐渐被课程的发展淡化。例如，部分高校完善了对于设计类专业学科的分类，而数字媒体艺术设计专业便是其中之一，但在此过程中，学校领导缺乏对专业交叉融合的重视，使专业课程的教学内容过于单向化，学生也无法在课堂中学习到有关数字媒体艺术的其他专业知识。

三、新文科背景下数字媒体艺术课程改革与实践的策略

（一）优化专业课程的内容规划

在新文科背景下，高校教师应当明确新文科创新性发展对于专业课程建设的重要性，并且合理地制定相应的学科课程内容，以此来保障未来数字媒体艺术专业人才能够应对行业错综复杂的变化，并且突出新文科对于数字媒体艺术专业课程改革的价值。对此，有关数字媒体艺术教育的学科教师应当从行业发展和人才技能的创新出发，制定完善的学科发展战略。首先，在课堂的教学中，教师应当着重延长有关实践设计教学的课堂时间，并且积极地引导学生在此过程中自由发挥，提高学生的自主创造能力。例如，在"项目策划"的课程学习中，教师可以选取正在征集项目方案的活动作为课堂主题，引导学生严格按照项目的设计需求，结合自我理论知识储备进行设计与创作，以此来促进专业实践课程更加接近于行业的发展现状，从而提高学生的设计技能水平。其次，为了实现新文科建设中对于专业课程模式创新的需求，教师应当在课堂中转变传统的单向授课模式，让学生作为课堂的主体，互相探讨自身所掌握的新媒体知识与技能，并分析如何将所掌握的知识运用于实践创作中。在此过程中，专业课程的内容得到了丰富，教学的质量得到提高且新文科建设对于专业课程的要求也得到了实行。

（二）结合新文科融合性来实施跨学科教学

从数字媒体艺术的课程性质来看，该课程与多种学科的内容有着不可分割的联系，比如在理论知识学习中，数学媒体艺术专业学生仍然需要掌握多种政治基础理论、外语学科知识以及设计史知识；在专业实践类课程方面，该专业同样与平面设计类实践课程、社会实践课程有所交叉。因此，教师应当充分发挥数字媒体艺术专业学科融合性的特点，从而实现专业课程的跨学科教学，让学生能够从中掌握更多的专业学科知识，从而优化学科教学的效果。首先是理论类课程的改革与实践，教师需要结合新文科建设中对于专业课程改革的需求，将专业课程内有关的多个学科知识进行融合与渗透，比如，在史论知识中融入德育知识，从而进一步提高学生的综合素质。其次是在专业课程和实践课程中，教师可以借助数字媒体工科中有关软件操作的知识，进一步丰富学生对于软件知识的储备量，从而提高学生在影视创作方面的技能水平，以此结合跨学科的技能交流来优化教学的效果。

（三）结合新文科发展性来实现教学创新

发展性是新文科建设中的动态特征之一，而教师也应当抓住这一教学特征，实现教学创新发展的这一目标，同时从中加大对于创新型设计人才的培养力度。对此，教

师首先需要针对高校数字媒体艺术专业课程的固定模式进行改善，例如，在数字媒体专业类实训以及实习课程中，教师应当充分考虑将指定的实训目标转变为按需求设置实训任务。比如，教师可以根据学生所向往的岗位或者专业发展方向，对学生的设计岗位实习、生产加工岗位实习、管理岗位实习进行合理的指导，并与实习机构之间形成双轨指导的实习指导方式，以提高学生的就业技能水平。其次，针对部分高校中数字媒体艺术专业课程实践的不确定性问题，比如教学内容不符合不同学生群体对于学习的需求，教师需要从长期的实践教学中调整教学策略，并借助优秀的数字媒体艺术设计作品来帮助学生在课堂上进行赏析与拓展，以此开阔学生对于专业设计的视野。

（四）结合新文科战略性来优化人才培养目标在课程中的运用

为了进一步体现数字媒体艺术专业课程对于培养学生专业能力的价值，教师需要加强对于人才培养计划的重视，并结合人才培养目标的需求来优化其运用效果，从而在满足新文科背景下专业课程需求的同时，进一步实现数字媒体专业课程的改革与实践。从数字媒体艺术专业课程的人才培养目标来看，内致力于培养具有计算机技术、信息设计技术等技能的复合型应用人才，所以，教师应当在人才培养计划的规划中明确教学的最终目标，并加强计划要求在专业课程中的实行效果。

（五）在专业课程中融合通识类知识进行教学

通识类知识是高校全体学生需要掌握的知识模块，且其相关内容的学习对于学生融入社会具有重要的作用。在数字媒体艺术专业课程的教学中，教师需要转变传统的教学观念，并将专业课程与通识类知识进行结合，从而在丰富课堂内容的同时，进一步强化学生对于通识类知识的理解。例如，在实践创作的教学中，教师可以结合"思政"的通识类知识，帮助学生理解"设计旨在服务于他人"的学科意识，从而让学生在设计自己的作品时，能够充分地考虑作品的实用性，并在此基础上增强艺术性。除此之外，创作课程中同样可以结合设计史论的知识进行教学，从而帮助学生在创作的过程中养成积极求索的良好学习习惯，并且能够从自我学习的过程中发现前人在创作中的优秀特点，以此来实现取其精华、去其糟粕。

简而言之，实现新文科背景下数字媒体艺术专业课程的改革与发展，是一项漫长且充满坎坷的旅程，相关教师以及从事学科研究的人员需要加强对学科课程体系的重视，优化新文科背景下数字媒体艺术专业课程的整体效果。而在此过程中，教师以及相关研究人员也不能忽略对于传统文科教学思维方式的改善，应当结合新文科背景下的创新要求，不断使数字媒体艺术专业完成更新与升级，从而实现更好的学科教育效果。

第六章 高等教育网络与新媒体专业的实践教学模式

第一节 教学模式的界定

现代教育在现代社会的意义中愈发凸显，关于如何界定现代教育，实际上就是如何界定教学模式的先觉条件，只有确定了现代教育的指向和定义才能确定对教学模式的要求和规定。一般来说，现代教育被认为是适合现代生产体系、现代经济体系、现代文化体系、现代科学技术、现代社会生活方式的教育概念、形态和特征。进一步来看，现代教育实际上是从资本主义大工业时代，伴随着商品经济发展起来的一种教育模式，现代教育不仅和当前历史时代密切相关，而且对于国家和人民的发展有着至关重要的意义。现代教育在培养人才方面关注的是人的个性和社会的共性协调统一发展，关注受教育者德智体美劳的全面发展。教育模式实际上就是现代教育概念下的具体措施，可以被理解为是在一定的教学理论下进行的教育活动，该活动在进行的过程中需要遵循固定的活动框架进行。从这个角度来说，教育模式兼具有序性和渐进性，其内部的诸多要素需在一定的安排之下协调并存才能构成合理可行的教学模式。

按教育对象进行划分，目前教育模式可以分成几种不同的类型。一是普通教育。从受教育者的年龄层次和教学深度来说，又可以将其划分为义务教育和高等教育。义务教育主要涵盖了 7 岁到 15 岁的少年儿童在中小学阶段的教育，而高等教育则指的是 16 岁到 18 岁所接触的高中教育以及 18 岁到 22 岁所接触的本科教育，其中并不包括艺术院校。二是职业教育。职业教育所面向的人群往往从青少年到成年人，其教育内容主要是某种职业生产所必须掌握的职业技能、相关知识以及行业内的道德规范等，其中包括职业学校教育和职业培训等模式。职业学校教育指的是颁布学历的教育模式，学生只有经过相关的考试并取得合格以上成绩才能获得相应水准的学历文凭证书。职业培训则指的是针对某项具体技能的教育，其中包括就业前期训练、专业训练、学徒训练、在岗训练、转岗训练及其他职业性训练，该种类型的职业教育模式关注的是职业生涯中具体需要的技能，关涉的是实用性较强的知识，学员在完成职业培训并取得合格以上成绩后可以获得职业培训证书、资格证书等。

除此之外，现在针对成年人开创的学历教育，如成人学历教育也具备一定规模。成人学历教育主要针对已经成年且取得高等学历证明的人群，对其进行一定的素质及文化教育，起到取代大学本科教育以及企业学徒特别训练的作用，能帮助受教育者提高个人的能力，丰富个人的知识，提高相关的专业技能，从而使他们的思维发展更加均衡而独立，帮助他们更好地在社会中工作和生存。成人学历教育主要分为成人高考和高教自考两种模式。成人高考属于国民教育范畴，被列入国家招生计划，是由国家统一安排招生考试，国家教育局承认学历，由各省、自治区统一组织录取。高教自考则是针对受教育者自学而实行的一种学历考试，旨在通过国家级别的高等教育考试来提高公民自我学习、自我进修的能力，帮助提高全民族的文化水平和受教育程度，更好地满足社会主义的建设需要。

现代教育概念下的教育模式往往具备一定的特点，这些特点共同构成了现代教育模式的存在性和合理性，而在制定教育模式的时候有意识地向着这些特性靠拢也有助于更好地表现出教育模式的优势。

其一，最为重要的是指向性，无论哪一种教学模式，都是针对固定的受教育者和既定的教育目标进行的，因此在设计教育模式时必须有意识地将二者作为教学模式的根基和定点，并由此发散开来，不能天马行空地进行设计，否则整个教育模式就会成为无垠之水，哪怕设计的部分再精彩也无法构建有意义的教育。教学模式的平稳运行需要一定的背景和条件，因为不会存在放之四海而皆准的教育模式，在制定对教育模式的评价标准时也需要关注这一点。把指向不同的教育模式放在一起做比较没有任何意义，在教学过程中，对不同教育模式的选择还需要根据它们的特点和适应性进行，因此，教育模式的指向性是其最基本的特性之一。

其二，教学模式必须具有一定的可操作性。教学模式最终是要落实在具体的教育过程中，并且对教育者和受教育者有着一定的指导意义，因此，教学模式的设计必须具备一定的可操作性，且需要更为具体化，要把设计者对教学理论中核心而抽象的部分通过具体的章程进行表达。也就是说，教学模式不仅规范了教育者的教学方法和行为，让教育者在具体的课堂表达中有迹可寻，而且有助于他们设计、学习和理解具体的教学模式。

其三，教学模式需要具备完整性。教学模式并不是单一的，而是教学具体环境和教学构思理论的结合，因此整个教学模式需要在一个完整的基础上进行操作和运行，必须体现出整体教学理论的完备性和过程的完整性。

其四，教学模式需要具备必要的稳定性。教学模式是经过一定的教学实践得出的总的理论，是具备高度概括性的理论。在大部分情况下，教学模式并不关涉具体的教学知识和学科内容，但提供一定的教学程序的功能，在具体教学程序的指导下，教学过程才能平衡稳定推进。此外，教学模式是在一定的社会背景下进行的，而教学模式中所蕴含的教学理论又是具体时代的产物，因此教学模式的稳定性直接和当前社会背景下的教育目挂钩，只有维持了整体教育模式的稳定，才能更好地为整个社会输送人才，维护社会平稳发展。

其五，教学模式需要具备一定的灵活性。上文中提到教学模式是一定社会文化的产物，是在具体的时代背景下推进产生的，因此在具体的教育安排中，教育模式往往需要根据时代的发展、知识的进步随时进行变动和调整。这些变动和调整不仅体现在教学内容上，更体现在教师的教学方式上、教学设备的更新上，只有具备灵活性的教学模式才能根据学科的特点主动变动。

目前来说，随着教学设备的不断发展，教学模式还可以根据教学形式分为以下几种，在具体的教学模式设计过程中应该根据具体的教学状态和教学环境进行一种或多种搭配。

第一种是讲授式。讲授式是将教师活动作为教学基点的一种模式，往往是以教师为中心，根据教师的授课讲解、示范等进行活动开展。这种教学模式的特点在于，学生在教学活动中处于客体的位置，其关键在于听取并理解教师的讲解。优点在于能够充分发挥教师在讲解过程中的能动性，对整个教学进程有着足够的把控和安排，可以发挥教师的示范和带头作用，并且通过面对面的教育方式，教师也能更好地掌握学生的学习情况，并及时有效地对其进行调整。此外，教师可以一次性面对众多学生，从效率上来说具备一定的优势。但这种教学模式的缺点主要在于，学生很难在课堂中对课堂进程施加影响，只能被动地接受，对学生思维能力的启发也较为有限，稍有不慎就会沦为填鸭式教学。

第二种是启发式。教师在具体的教学工作中，根据个人积累的经验对学生进行提问、质询等，从而让学生在回答的过程中寻找到问题的答案。这种教学方式在一定程度上降低了教师的主观性，从而把更多的问答自由交还到了学生的手里，让学生通过自己的努力去寻找答案。但需要注意的是，这种教学方式对教师的教技能力要求很高，教师不仅需要做到对知识点的教授程度非常熟练，而且要对学生的学习状况了如指掌，才能有针对性地启发学生的思考，唤醒学生的创造力。

第三种是讨论式。这种教学模式主要是让学生在课堂内或课堂外，针对课程中出现的问题展开讨论和研究，往往是以数位学生作为一个小组共同讨论和研究的教学模式。这种教学模式的特点是营造了轻松平等的学习环境，在集体活动中共同研究和解决学生自己的问题，学生作为学习的主体不仅拥有更强的主观能动性，而且经过自己讨论得出的答案往往理解得更为深刻，且在小组活动中可以感受到在集体活动中分工合作的学习氛围。

第二节　高等教育常见的教学模式及其发展

一、信息加工教学模式

信息加工理论取材于行为主义以及传统意义上的认知理论，是一种由认知发展到行为的理论模式。在信息加工理论下，学习行为来源于环境的刺激，且需要和已有图式进行一定的相互作用。信息加工理论自20世纪在西方盛行后，在教育领域等多个领域中有着广泛的研究和应用，其流派发展异彩纷呈，内容丰富多彩。

信息加工理论主要关注的是人类对于记忆的系统属性。记忆系统包含了人类的整个记忆过程，同时包含了知识的存储手段和方式。一般认为，人类对记忆的保存包括三个不同的过程：一是对感觉的记忆，二是短时记忆，三是长时记忆。进一步细化，信息加工系统被分成注意、编码、存储、提取、转换、使用等几个过程。而信息加工教学模式就需要关注以上几个部分，并因地制宜地进行教育模式的设计。

其一，信息加工教学模式需要注意对注意力的刺激。当来自外在的物理信号被感官所记录的时候，人脑部的记忆系统就会开始运作。但是在这样的状态下，物理信号只会停留非常短暂的时间，因此只有一部分物理信号会被挑选出来进行加工，而大部分冗杂的无用信息会被剔除。

其二，信息加工教学模式需要注意教学对物理信息刺激的编码，也就是需要用合理的方式帮助学生对课堂内容进行掌握和消化。信息加工理论认为，人类在短时间内对物理信息接受和处理的能力是有限的，因此信息进入大脑后，如果得不到大脑及时的加工编码，就会很快被遗忘，因为如何存储和调动记忆，其关键就在于如何进行编码。编码实际上指的是关注信息，对信息进行分类和相关联系，以此产生一定的记忆痕迹的完整过程。在信息加工教学模式中，编码的方式主要有两种，即维持性策略和精致性复述。教师需要针对二者对教学模式进行调整，以此来辅助学生记忆和掌握教学内容。

其三，信息加工教学模式需要注意如何长时间存储记忆。对记忆的调动，在教学模式中也就是学生对教学内容的具体应用，在很大程度上取决于学生是如何存储这部分记忆的。奥苏贝尔很早就提出过有意义学习，也就是让学生架构起脑内已有知识和新知识之间的联系，这不仅包括逻辑上的关联，更涵盖了各个维度之间的关系，因此，教学中尤其关注的是单个课时之间的递进关系。

信息加工教学模式对学生的背诵和记忆比较关注，因此这种教学模式在文科教学中有着较为广泛的运用。例如，在英语的学习中，教师往往会采用一定的编码方式对语法和单词拼写进行梳理，这样不仅可以加深学生的记忆，而且对于学生后期的学习也有着重要意义。对于知识点较为零散和琐碎，很难排列成结构化的知识框架去记忆和背诵的学科，不仅需要信息加工教学模式的统领，更需要教师结合学生具体的学习状态和认知水平，因材施教地进行知识的灌输和讲解。

二、社会类教学模式

社会类教学模式主要包括课堂会议模式、直率性训练模式、群体调查研究模式、角色扮演模式、法理学探究模式、研究室训练模式、社会探究模式、社会模拟模式。社会类教学模式的概念主要是由乔伊斯和卡尔康基于杜威的实用主义和民主主义等教育思想提出的。归根结底，社会类教学模式的关键在于合作学习和团体调查，这种教学模式主要侧重于对儿童合作意识和能力的培养，旨在为民主社会模式奠定教育基础。学校就是缩小版的社会，或者说是简易版的社会，学生在学校学习的过程实际上也是适应社会的过程，因此校园教育的目标之一就是帮助学生更好地理解民主模式，以此推动社会进步。

社会类教学模式的关键就在于创立合作和互助的学习团体，这样的团体有着以下几点设想：其一，合作的环境比单独行动竞争的环境更能产生促进个人进步的动力；其二，成员之间互相学习、共同进步的过程是最重要的，因此单独成员在团体中往往可以发挥比个人行为更大的作用，也可以获得更大的成长意义；其三，面对团体内部活动和团体与团体之间的竞争时，个体成员所面对的环境往往更加复杂，也会获得更多的锻炼机会；其四，团体之间的合作和交互会增进个体成员之间的感情，更容易产生积极的情绪，因此合作也能提高学生个体的自尊，使其获得更多的关注和尊重；其五，学生接触更多的合作机会，更能够提升合作方面的技能，而且这种技能的提升在团体合作中具有很强操作性，教师可以有针对性地进行辅导和关注。

合理利用社会类教学模式可以为校园教育，尤其是基础教育带来诸多重大意义，包括：第一，如果把一个班级分成三到四个团体学习小组，那么组内合作学习的状态就会变得更加积极向上，而且两个组之间的合作还可以促进学习成果的分享，促进学生对不同学习材料的掌握；第二，合作学习可以消解一部分没有意义的竞争，如果只是单纯让个体进行不断的竞争，只会增大学生无谓的压力，而在社会类教学模式的合作学习中，学生就不得不共担责任，而获得配合学习的能力，放弃一些破坏性或者负面的行为，从而获得更多的社交经验和能力；第三，在社会类教学模式中，学生可以减少以自我为中心的心理，发展和培养集体意识，这样有助于提高学生对集体的参与感和责任感，有助于建立学生对自我和集体的认同感；第四，教师尤其需要关注学生在集体学习中是否会丧失自我努力，偷懒让别人完成自己的任务，这样不仅无法让个体在集体中得到发展，而且会让个人在集体中被埋没，因此教师要避免这样的状况发生，关注每个学生的学习进度。

归根结底，社会类教学模式的关键在于集体探究，学生在具体的情境中学习，而这种情境实际上就是一种集体，学生不仅在研究自己的问题，更在观察别人的问题，整体的学习过程是在一种社会性的交互下进行的。

三、个体类教学模式

所谓个体类教学模式，实际上就是以学生个体发展为核心而开展的教学模式，尤其以关注学生的个性为主。学生的个性就是他们在学习活动中所表现出来的比较稳定的心理特征和行为模式，教师如果想准确把握学生的个性，就需要在对学生有了一定的认识以后稳步对其个性状态有一定的了解。但实际上，学生的个性不仅是在活动中表现的那样，个性的形成更关乎他们抽象思维逻辑不断发展的过程，更表现在他们的兴趣、性格和爱好等各个方面。个体类教学模式的基本任务就是发展学生的个性，锻炼和培养他们的意志力，关注的不仅是学生在教学任务上的达标问题，更关注学生精神层面上的健康。

个体类教学模式的实施原则主要有以下几点：一是层次性原则，个体类教学目标需要关注学生的年龄和心理状态，针对不同的教学目标开展不同的教学计划，尤其是针对低年级的学生，更需要注重教学模式的设计，注重和学生沟通的方式方法；二是发展性原则，个性类教学模式尤其需要以发展的眼光看待学生，在设计教学模式的时候不能以单独的课程作为设计的单位，而需要以某个时间段内的多次课程为主来进行阶段性的设计，帮助学生更好地发展自我个性，为未来的成长奠定良好的基础；三是方向性原则，个性类教学模式的根本目标和改革方向是素质教育，也就是说，只有尊重学生的自由、关注学生的思想发展、更新教师的教学方式，才能坚定素质教育的核心进行发展，才能以全面发展的状态面向全体师生开展教学；四是创造性原则，在教学过程中教师要格外注意改善以往压抑沉重的学习氛围，创造轻松愉快的课堂气氛，注重学生创造能力的培养；五是控制性原则，教师需要有足够的能力对教学进展的大方向进行控制，要建立合理的科学监测及反馈体系，随时掌握学生的状态，并对教学模式进行调整。

个体类教学模式目前受困于师资力量等物质原因，很难做到推广，但是目前有一些私立高中或专业资源比较丰富的大学会针对学生采取这样的教学模式，以现代化的教学模式开展教学活动，帮助学生定制个体的学习目标，以便更好地刺激他们完成学习任务，对学习更有积极性。此外，类似教育模式的开展也可以收集更多的教学实验数据，以此更好地应用在其他教学活动中。

四、行为系统类教学模式

行为系统类教学模式强调学生在教学中的主体地位，在教学过程中，教师应该重视行为导向性课程的发展，开展情境课程的相关模拟教学，为学生提供更多的案例分析。细化而言，行为导向教学模式的基本特点如下。

其一，学生需要通过合作的方式去解决实际问题，这就关系到教师如何帮助学生组成团体，然后布置实际问题让他们进行团队合作，并对此开展一定的活动以解决问题，这样学生不仅可以获得学习能力，还可以从中得到如何学习的方法；其二，学生需要参与一部分教学设计过程，上述所提到的多种教学模式都是由教师对整体的教学进行设计，最后才布置给学生完成，但在这种教学模式中，学生需要共同参与到教学设计中来，帮助进行收集信息、制订计划以及选择方案等多个教学设计准备环节，这样可以帮助学生更好地了解到自己即将学习的知识，促进学生对相关知识的探究欲；其三，强调实际的行为分析和操作，也就是说教师在对学生能力进行评价时不仅要根据学生最后提供的作业或者答卷进行分析，更需要关注学生参与教学活动并对他们的行为进行分析和研究，以此更了解学生的日常状态和会出现的问题。

行为系统类教学模式往往采取任务型教学形式开展。当代社会，随着科技的高速发展，学生学习知识的途径并不仅仅来源于学校教师，获得知识的场所也不仅仅是课堂，在这样的状况下，教师更需要充分发挥其他学习场所的作用，并扮演好咨询者和带领者的角色。所谓任务教学，就是让学生协同教师一起将教学目标设计成一个一个的任务，学生通过完成这些任务从而完成自己学习的教学内容。学生可以有选择地完成任务，这样学生在学习的过程中可以更好地根据自己的学习情况做出调整，不需要按部就班地跟着教师安排的教学计划进行。此外，这样的学习模式可以更好地让学生进入探究问题的情境中，让学生带着疑问去学习，这样不仅可以调动他们的积极性和求知欲，而且可以培养学生独立思考问题和解决问题的能力。

五、教学模式的发展

现阶段，教学界不断提升对教学模式的认识，但除了现代教育对教学模式的不断试验和研究，对教学模式的发展进行反思和回顾也是研究中非常重要的一个部分。这里将教育模式的发展过程按照时间分成三个阶段进行讨论。

（一）第一阶段（1981—1990 年）：教学模式的引进介绍和实践沉积

20 世纪 80 年代，教学模式在我国还没有作为一个科学的概念为人们所认识。但在实践层面，自 20 世纪 80 年代中期以来，为了解决教学理论与教学实践相互脱节的问题，有关教学法的实验开展得如火如荼，很多典型的教学法沉淀下来，成为知名的教学模式。这一阶段与教学模式直接相关的研究文献只有 63 篇，具有如下研究特点。

第一，1972 年布鲁斯·乔伊斯（Bruce Joyce）和玛莎·威尔（Marsha Weil）合作撰写的《教学模式》对相关的内容进行了详尽的介绍。此外，1984 年我国钟启泉教授连续发表了四篇论文（皆发表在杂志《外国教育资料》中），对学生的人际处理、信息接受、人格健全、社会关系等进行了详细的分析，并将这些处理手段放置在具体的教学模式中进行了介绍。王坦教授对辛尔达·塔巴（Hilda Taba）所研究开展的教学模式也进行了详尽的翻译。

第二，这个时期对教学模式的意义和价值也进行了一定的讨论，对于国外教学模式和当时国内普遍采用的现代中学教学模式进行了对比和研究，对于教学模式和具体教学操作过程的关系也有所讨论和涉及，如《教学模式的理论价值及其实践意义》《课堂教学模式浅谈》《当代教学论研究的新课题教学模式简介》等。

第三，对教学模式建构的初步探究。在最初阶段，对教学模式建构的探究还处于理论中，种种构思也比较基础，例如对创造性教学模式的研究、对高中阶段不同科目的教学模式的探究等，这些教学模式研究的论文一般来源于高校的教育学专业，并非来源于中学阶段的一线教师。专家、学者在对教学模式进行探究的过程中，往往会将国内的教学模式和国外先进的教学理念相结合，其中比较有代表性的是南京师范大学王晓柳等撰写的《建立集体性教学模式的尝试》。王晓柳教师在对理论方式进行研究的时候，小范围地将他们的理论投注到了实践之中进行初步的研究，这是我国进行学生合作学习的较早实践尝试。

在当时，改革开放吹起的春风同样席卷到教育界，对于国外先进教学模式的引进带来了一阵教育实验的浪潮，各地开展的教学研究积累了丰富的教学经验，为后来的教育改革奠定了基础。

（二）第二阶段（1991—2000 年）：理论研究及学科教学模式建构为主

在这个阶段，对教学模式的研究进入了新的高潮，教学模式的研究论文出现了井喷式的爆发，共计两千多篇，其中不仅包括大量翻译和介绍性质的理论作品，还包括大量对具体教育实践进行归纳总结的建构性文章和实验数据等。

在这个时期，从理论研究来说是对教学模式的研究进入了一个更为深刻的研究阶段，对于不同教学模式下不同教学方法的选择、不同教学模式下不同教学设计的选择、如何更有效地利用不同教学模式进行学科应用，都进行了关注和研究。以北京师范大学何克抗的《建构主义的教学模式、教学方法与教学设计》一文最受关注，该论文发表于 1997 年，至 2018 年年底，下载量已超过万次以上，被引用两千次左右，可以说建起了建构主义思想和教学模式设计关系研究的桥梁。

对教学模式的梳理和总结性论文也大量出现。自 20 世纪 90 年代以来，对于 20 世纪 80 年代大量教学模式新实验的数据考察和研究逐步出现，其中比较出名的文章包括《八十年代国内教改中教学模式的概括研究》《当代中西教学模式比较分析兼谈我国当代教学模式建构之不足》《我国的教学模式》。在理论研究之外，对具体学科教学模式的构建也是这个时期的主题之一。在 20 世纪 90 年代以前，对于教学模式的具体实践往往比较混乱，且实验研究的发起人以高校教育专业的研究人员为主，少有一线教师进行实践。自 20 世纪 90 年代以来，人民思想解放，思维逐步活跃，对中小学教育模式的建构获得了越来越多的关注，此时，对不同学科的学习方法进行教学模式的建构成了许多初中高中的改革重点。对小学生作文的自主写作、历史课本实践研究、小组形式数学课堂研究、开放性古文研习等大量创新课程接踵而来，很多课程经过改革和完善，现在已经被应用在实际的教学之中。

（三）第三阶段（2001—2013 年）：实践建构、冷静反思为主

进入 21 世纪以来，信息技术不断发展，计算机等多媒体技术对教育模式的发展产生了深远的影响，利用科技完善教育模式，以此让学生获得更多的信息，成了当下社会教育的重大命题之一。教育模式的研究在这个阶段进入了全新的研究时代，仅仅在 2011 年，对教育模式的研究性论文就达到了六七千篇，2012 年的数量也不相上

下，直到 2014 年以后才有所下降。其中以教学模式为主题的论文达到了总数的百分之二十以上，而其余大部分论文则是针对某个具体的学科进行的教学模式的构建，或者是对具体教学模式实践的总结和研究。

在这一阶段，研究最显著的特征就是把科技和教育相结合。如何在网络背景下、在大数据时代将教学模式和技术相结合，以此为学生提供更好的教学成了热门话题。

此外，对教师职能的转变也成了当时热门的话题。将课堂的重心放在学生自我学习之中，教师从原先的教育者变成引导者和支援者，诸如此类的教学模式受到了前所未有的关注。同时，国内走在改革一线的名校对教学模式的改革成果也引发了学术热议。

之后，对教学模式的研究反思开始出现，比较知名的文章包括《教学模式改革的实验方法论反思》《教学模式研究 20 年：历程、问题与方向》《走出假性繁荣浅论我国教学模式理念的模糊性及对策》等。这些文章理智客观地分析了此前教育模式改革的繁荣局面，引入了更多包括建构主义、结构主义、多元智能等全新的理念，对其发出了新的思考和探究。

六、高校教学模式的结构分析

不论哪个时代，教育事业都会随着科学技术的发展而与时俱进。从古代著名教育学家孔子杏坛讲学的口口相传，到因为活字印刷术的出现而有效地实现了师生之间的初步分离，教师也从单纯的传授作用逐步向引导学习的方向发展，其教学地位也发生了些许变化。到了当代，互联网技术的普及和信息传播技术的不断发展使教学活动的变化更是翻天覆地一般。目前，对于"互联网 +"在教育领域里所发挥的重要作用及其与教育活动的融合效果等方面的探讨多是集中在学前教育、中小学教育、职业技能教育、专业语言培训、教育教学技术工具等方面，对高等教育领域的关注度则明显下降。"互联网 +"背景下的高校教学，因为其教学内容的丰富性、多变性、复杂性、专业性和灵活性等多重特点，更不是简单地在一般的教学活动中增加了互联网技术而已。"互联网 +"与高等教育结合之后，使用移动互联网技术、现代信息技术增强了教学效果，并在教学观念、教学方式、教学形式、教学保障和教学评价等方面发生了重大变革，是对传统的高校教学模式的一种重要的补充和必要的创新。

（一）"互联网 +"背景下高校教学观念研究

"互联网 +"背景下的高校教学观念是高校教学设计与安排的出发点，必须能够与社会需求、行业需求以及时代需求紧密接轨，并能够符合当代大学生的心理需求。

因此，"互联网+"背景下的高校教学观念应该是作为教学活动设计者的高校和教师积极思考和应对的问题。

1. 高校的教学新观念

（1）高校应树立新的教学理念

众所周知，教育本身就是依靠每一次教育活动过程中的积极互动而不断成长的过程。参与教育活动的学生是在与教学教师的自由交往过程中对旧的知识不断消化，产生精神的成长和灵魂的陶冶。由此可见，高校应树立新的教学理念。另外，高校教育工作者应该认识到教育活动的本质更多的是一种精神方面的影响，是通过知识的传达实现的教学过程。所以，以往将全部学生放在封闭的空间里进行一种预先设计的教学活动，是很难实现这种精神的影响的。在目前高速发展的社会中，高校更应该认识到这一点，将固定的教师作为学生获得知识、提升能力和激发潜力的起点。

（2）高校应确定与时俱进的人才培养目标

"互联网+"背景下，高等教育应该响应社会、行业对人才的新要求，培养与时俱进的德、智、体、美、劳全面发展的人才。但是，这样的一系列教育改革需要高校投入极大的人力、财力和物力。目前，仍然存在部分高校急功近利，扩大招生量，减少教学改革的投入。这导致了在"互联网+"背景下产生的慕课和微课的制作、教学资源库的建立等新兴的信息技术改革方式很难得以应用和发展。只有高校确定了与时俱进的人才培养目标，教师才能够明确具体课程的教学设计和改革的力度，才能够更好地、有效地利用互联网技术提高教学效果。

（3）高校应积极转变教育理念

在"互联网+"的热潮席卷全球的当下，高等教育研究者应该积极看待"互联网+"对高等教育活动带来的机遇。正因为"互联网+"的出现，有学习需求的人可以跨越时间和空间的阻碍，可以在网络的世界里获取更多的专业信息，可以选择网络的教学资源，从而有效避免了我国高校资源分布不均匀、各地区教学水平和教学质量发展不平衡等问题。这不仅能够为学生的学习带来便利，还为高校的建设发展和教学管理创造了新的发展机会。在"互联网+"背景下，高校能够安排学生充分利用空闲时间实现网络选课、学分互相认定、教学人才的合理交换和相互学习。

2. 高校教师的教学新观念

高校教师是实施教学活动的主体，也是教学改革创新的主要承担人。为了更好地开展"互联网+"教学改革，教师应积极转变思想，调整心态，提升能力，转变自己的角色定位，更好地适应新环境、新技术所带来的变化。

（1）高校教师应转变主体地位的思想

传统的教学活动是以教学者为活动中心的，学生什么时间学习、学习的内容、学习的方式、学习活动维持的时间等都由教师全权负责，并没有学生所能够参与和响应的部分。在"互联网+"背景下的高校教学活动中，教师已经不再是教学活动的主体，其岗位工作由教育变为引导，由传道、受业、解惑者转变为学习者的向导、参谋、设计者、协作者、促进者和激励者等。高校教师在"互联网+"背景下的教学改革活动中必须正确理解与学生之间的关系，加强与学生多维度、多渠道地沟通与交流。

（2）高校教师应转变教学思想

传统理念中，人们总会把大学的教学活动联想成为大学教室里，教师站在讲台上，利用多媒体播放教学课件，面对根据专业编制的班级的学生，用粉笔书写下本节课重要的知识信息。在教学过程中，教师、教材或者教师的讲义是整个课堂的核心，学生仅仅是知识的被动接收方。在高等学府的明亮课堂上，教师讲什么，学生听什么，教师抛出问题，学生一同探讨学术问题。这样的场景是以往社会和家长对高等教育的认知。但是，时至今日，大数据挖掘技术、互联网技术和计算机研发技术的快速发展已经彻底改变了人们接触社会、探索世界的方式和渠道。借助移动智能终端大规模普及的东风，人们更是可以随时随地、随心所欲地登录各类网站、微博、微信和五花八门的 App 来查询自己想要了解的内容。因此，教师可以不必再局限于地点和地域的限制，既可以面对面线下教学，也可以通过互联网实现线上的交流。在课程设计时，教师也应充分考虑学生的主体身份，采取多种多样的授课方式，着重培养学生专业学科的基础知识、专业技能、创新和沟通能力等。

（3）高校教师应转变教学内容的组织方式

面对"互联网+"大环境给高等教育带来的新技术和新方法，教师应积极探索组织新的教学内容，适应整个社会、行业用人的新需求和新要求。在教学过程中，教师使用合适的教学方法，将专业信息转化为学生应掌握的知识，将职能转化为解决问题的智慧。除此之外，教师还应将学生应用能力和创新能力的培养转化为教学内容。为满足上述要求，高校教师在转变教学理念的同时，势必要转变教学内容，不断更新知识，提高自身素质，努力适应"互联网+"教育改革的大背景。

（4）高校教师要顺应时代发展潮流，做到与时俱进

随着社会的发展和科技进步，高校教师必须做到与时俱进，才能够有效地保障人才培养质量和高校的教学水平，能够继承和发展人类科学技术文化知识，能够推动社会物质文明和精神文明建设。因此，在移动互联网科技日新月异的今天，高校教师必须主动地学习高新科技。

　　另外,"互联网+"的大环境能够为学生提供更多的信息知识、更广阔的学习平台、更丰富的学习技术,高校教师应该积极响应学生的学习新需求,主动了解各大信息网站和数据库,使用各大学习网站或者 App,并有效地联系实际,将其应用到自身的教学活动中。由于专业知识体系的复杂性和学生的自主学习能力较弱等,这种全新的教学方式在实际的应用中仍有一定的局限性。学生对海量信息的整合、对专业问题的分析和研究、对理论和技能的知识点的传达等方面还存在很大问题。所以,就目前"互联网+"背景下的高校教学模式而言,教师的作用具有一定的必要性和独特性。

　　高校教师应该把握时机,发挥自身能动性,积极将"互联网+"这个工具合理地运用到教学工作中,将专业知识和技术能力教授给学生。例如,掌握了现代化信息技术的教师可以利用移动互联网的信息沟通平台,开设网络开放课堂,将自己从知识的讲授者变为学生主动学习的专业引导者、组织者和协助者;可以利用科学的数据统计分析方法和数据分析技术指导学生进行信息数据的整合和分析;可以利用多种信息交流软件/App 与学生进行全方位的沟通,随时解答学生的疑问。这也为教师的教学组织设计提供了大量的素材,使其能够更好地完成课堂教学工作,有的放矢,开展有针对性的教学工作。

　　(5)高校教师应及时更新已有的教学观念

　　"互联网+"背景下的高校教学模式在促进高等教育发展的同时,也对实行教育改革的教师提出了更高的要求。这样的教学改革能否成功的一个关键要素就是实施"互联网+"教育的教师是否能够及时更新已有的教育观念,树立全新的教学理念。正确认识"互联网+"背景下的高校教学的教师能够树立现代信息化教学观念,能够通过互联网获取更多的专业知识,能够利用互联网技术和信息技术将自身建立的知识体系及时、准确地传达给学生。

　　(6)高校教师应该科学合理地对待学生的独特性和个性化

　　当代中国的青少年是带着互联网基因出生的一代人。因为物质生活的相对富足,这一代人拥有更加多姿多彩的童年和自由奔放的少年时光,所以当代大学生身上具有明显的独特性和个性化。高校教师必须科学合理地对待他们的这种特征,结合"互联网+"背景下的高校教学的优势因材施教,教学相长。

　　(7)高校教师应该强化互联互通意识

　　"互联网+"背景下的高校教学突破了教学工作的地域限制、学校限制、专业限制,给予高校教师教学改革和创新的无限可能性。面对不同地区、不同高校、不同专业的互联网教育教学资源,高校教师可以集各家之所长,加强与其他专业、其他高校的相互学习,将他人的教学优点、精品课程资源和先进教学经验融入自己的教学过程之中。

（8）高校教师应强化终身学习意识

俗话说"活到老，学到老"。高等教育在随着科学技术的发展与时俱进的同时，高校教师必须强化终身学习的意识，才能够实现高校教育的育人目标。互联网的出现加快了信息传播的速度，也创新了信息传播的方式，并且在这一不断裂变的过程中，互联网仍在持续推进信息的创造、优化与融合。

在这样的大趋势下，互联网信息技术在一定程度上减弱了高校教师在专业上的知识主体优势和专业神秘感，进而也给高校教师的教学工作带来一定的影响和挑战，更对其职业发展造成一定的危机感。面对这样的危机，高校教师需要不断补充、完善和更新自己的专业知识体系，及时掌握本专业的理论研究动态，充分了解本专业的技能领域发展动态，时刻关注本专业与其他相关专业的深度融合，以形成更坚实、深厚、前沿的知识积淀，更好地实现教师传道、受业、解惑的重任。在日常的教学过程中，教师需要不断充实自我信息储备、持续改进自身教学方法，从而吸引学生的学习兴趣，获得他们的敬爱和钦佩。

（二）"互联网+"背景下高校教学形式创新

1."互联网+"背景下高校教师应创新教学形式

（1）高校教师应改进教学方式

在"互联网+"背景下，越来越多的高校开始致力于投入大量人力和物力建设智慧化校园、电子信息资源库，丰富数字化图书馆，改进多媒体教学设备和高端智能化实践教学系统等。面对教学环境的现代化和学生学习方式的科技化，高校教师应该具备与时俱进的新思维，不断学习新的信息技术，探索现代化的教学模式，开展信息化授课方法的探讨和研究。目前，我国大部分高校已经实现了教师在授课时带领学生使用教室所提供的设备上网搜索书本上相关知识的拓展内容，完成课题研究的参考文献的搜索，提高学生对本专业或本学科的学习兴趣。在更先进的教学环境中，教师利用教学系统端口进行课件的讲解和课堂互动、课后习题的批阅。学生可以利用实验室的电脑或者移动智能终端的App及时地在电脑上操作，完成教学互动。当学生完成学习任务之后，教师端口自动展示学生的作业情况和其知识掌握情况，以此给予学生成绩。总之，高校教师可以突破课堂的局限，发挥自己所有的想象，不再受到课堂、教材的制约。

（2）高校教师应转变教学场景

传统的高校教学是以课堂为场景构建起的教学活动背景和氛围。在这种拥有固定时间和固定地点的场景中，高校教师使用固定的教材，面对一届又一届不同的学生开展教学活动。在这种课堂教学场景中，虽然可以将学生的注意力集中到教师身上，进行说—听方式的讲授，但是会影响师生的热情和积极性。

①传统课堂教学场景的缺点

第一，教师的教学目标相对单一，教师通过原有的课堂教学向学生传达考纲上应掌握的教材信息知识；第二，教学的知识来源相对单一，课堂知识主要源自教材和教学大纲，教材内容相对固定；第三，信息沟通不畅，多为教师在台上单方面的信息讲座，台下记录。

②"互联网＋"背景下的新兴教学场景具有明显的复杂性

结合我们工作和生活的实践，不难发现传统课堂教学场景已经不再符新时代的人才培养模式。因此，高校教师依托"互联网＋"的大背景，要求学生使用灵活多样的学习方法。第一，要求学生必须提前提交学习计划，并保证自学内容与未来发展有着密切关系；第二，要求学生必须能够独立寻找、分析和解决问题，锻炼灵活运用知识的能力和解决实际问题的能力；第三，要使学生能够脱离局限性的教材和已经使用的教学资料，创新地使用其他的方式涉猎多元化、多样化的知识和信息，积极展开思考；第四，互联网极大地扩展了教学资源的来源和范围，学生可以便捷地通过互联网获取各种各样的教学信息，一方面可以通过在线课程获得国内外名校和知名教授的课件与授课视频，另一方面可以通过网络获得课程学习的各种辅助教学资料。

（3）高校教师应改变教学过程

教学工作并不是简单地照本宣科，而是学生作为知识传播的客体进行认知的一个过程，也是学生将所认识到的知识进行再次传递和创造的一个过程。

著名的心理学家布卢姆和约翰·安德森提出人类的认知活动从低级到高级可以分成记忆层次、理解层次、应用层次、分析层次、评估层次和创造层次。记忆层次和理解层次是最低端的认知活动，应用层次、分析层次、评估层次和创造层次则体现了人类智慧的伟大与玄妙。

以此理论出发来分析，在以往的传统教学活动中所体现的恰好都是教师发挥其作用提升学生的初级认知能力。例如，高校教师在传统教学中会进行知识点的讲解、分析、教学等，这是初级的记忆理解；讲授知识后，布置作业和考试，这是考核学生对所学知识的消化吸收情况，能否灵活运用解决问题。根据上述认知理论，传统课堂将师生大部分时间资源分配给了记忆和理解等低层次的认知活动，学生没有足够的时间在教师的指导下从事应用、分析、评估和创造等更高层次的认知活动。另外，传统的教学方式对显性知识的讲解偏多，隐性知识讲解相对减少。但是，借助"互联网＋"

的背景，教师可以不断优化教学流程，获得丰富的教学资源库，提升教学资源的配置效率的同时又保障了教学考核。具体表现为以下几个方面。

①课前准备部分

课前学生对教师预留的教学视频、网络微课、相关电子文献等资料进行自学，完成了对知识的低层次认知，即达到了记忆和理解。这是教师讲解和传递显性知识的环节。

②课中讲授环节

在一定的学习基础上，教师和学生展开深入的讨论，运用所记忆和理解的知识来分析和解决问题。这种师生互动方式可以加深学生对专业知识的理解，并进一步实现了对知识进行分析和应用的高层次认知，有效地完成了隐性知识的创造和传递。

③课后总结部分

在完成专业信息的认知过程之后，教师将会指导学生通过练习来巩固已有的学习成果，最终可能实现对知识的创造性认知。利用互联网的传播媒介，有效地缩短了教学过程，精化了教学流程，可以达到节省时间、加强师生互动的双重目的。在自学、教学、讨论、自我思考的过程中，学生可以潜移默化地接受新的知识，并能够融会贯通，灵活运用所学习的新知识。与此同时，高校教师达到了提炼更新、优化升级所教授的新知识，实现学生个性化学习需求的双重目的。

（4）高校教师应该敢于尝试多样化的课程教学模式

在"互联网＋"背景下，高校教学改革得到了信息云技术、大数据技术、多媒体制作技术的支持，有效地实现了改革目的和提高人才培养质量的目标。目前已经在各大高校得到广泛应用的慕课、微课、翻转课堂、模拟软件、虚拟现实等多样化的课程教学改革技术，为高校教师提高教学质量、学生提升自主学习效率提供了便捷、有效、可行的途径。例如，在应用了弹幕教学模式的课程教学课堂上，学生在听课的同时，利用移动电子设备就可以随时发送教师提出的问题的答案或对知识点的疑问；授课的高校教师则根据学生的表现和反应，随时调整自己的授课进度或教学内容。

（5）高校教师应该适应师生互动的新关系

传统的高等教学模式中，作为教育活动主体的高校教师强调对所研究领域的知识的传播和承接，师生关系的角色地位和职责任务非常明确。教师就是传递知识的信息源，学生就是接受知识的信息接受方。在这个信息传递过程中，教师是主导者，能够有效支配作为客体的学生。在这种情况下，师生之间的信息不对称性非常明显，教师的优势地位和主导地位也不言而喻。对于所学习的知识，学生只能一味地接受和理解，很难在接受信息的过程中对其进行应用分析和创新创造。

在"互联网+"背景下高校教学模式的变化过程中，师生关系的改变非常明显。首先，对于师生之间的信息掌握程度出现了明显的变化。依赖于互联网信息技术的出现和发展，学生对于信息的掌握出现了一定的主动权，信息不对称性发生了翻天覆地的改变，传统的师生关系建立的前提不复存在了。在教师没有详细解释的情况下，甚至在高校教师还没有明确布置教学认知任务的时候，学生就可以利用互联网和电脑、智能手机或者其他移动智能终端自发索取相关信息，成为和教师对等的知识关系。例如，以往常用的案例教学法，教师将自身对案例的理解和分析融入表述和发问，引导学生联系专业知识进行设计性的思考。但是，在"互联网+"背景下，面对应该学习的知识体系，学生可以预先搜集信息，了解案例的情况和针对该案例的各家所言。

在这样的情况下，教师对于案例的了解程度与学生掌握的信息相差无几，也就是对案例的分析方面教师具有一定的经验和准确程度而已。师生之间的信息不对称迅速减少，最终将会消失。

其次，就是关于高校教师与学生的地位关系的变化。传统的高校教学模式中教师的主导地位不容置疑，但是当教师的话语权和信息主导权被互联网带来的大数据冲击之后发生了天翻地覆的转变。高校教师不再是专业知识的垄断者，而是变成了教学活动的设计者、引导者和协调者；学生不再是单纯地接受知识的接受者，而变成了高校教师的合作伙伴，成为参与教学活动的反馈者。高校教师和学生在这样的关系中变得越来越亲切，越来越平等，进而实现了师生互动、教学相长的良性局面。此时，高校教师与学生所承担的职责发生了变化。在虚拟的网络世界里，教师应该承担的工作已经不仅仅是组织和实施教学活动而已，还包括引导学生根据教学大纲的需要查找学习资料，帮助学生构建所学习知识的思维体系，进而培养学生分析、解决问题的能力。学生的职责不再是被动地接受知识、完成测验和考试，而应提高信息收集、甄别、整理和加工的能力，并在教师的指导下锻炼运用知识分析、解决问题的能力。

（6）高校教师应该创新课堂管理方法

不同于课堂教学活动，互联网世界的教室仿佛是没有门窗的房间，学生在虚拟空间学习的时候可以任意遨游。在这种情况下，学生最大的问题是注意力集中性较差，自控能力也比较弱。这时，高校教师对于课堂的管理方法就应该与时俱进，选择适合当代大学生性格特点的方法，张弛有度。在"互联网+"背景下的高校教学管理模式中，高校教师既要保证自我的专业权威性，对于学生在课堂上对互联网的使用要严格控制，还要积极发挥个人的性格魅力、文化素养和科学的教学管理能力，鼓励和监督学生专注于学科教学活动，形成以人为本的互动式学习课堂。

2."互联网+"背景下高校学生应创新学习形式

（1）高校学生应该转变传统的学习方式

在传统的高校教学活动中，学生只需要加强记忆和理解的能力就可以尽可能多地掌握所学习的知识。这就是传统的学习方式，是没有明显区别于中小学教育层次的学习方式。这种方式明显忽略了发现能力、探索能力、思考能力和创新能力的培养，学生被动地接受和记忆就可以了。长此以往，学习的主动性、能动性和独立性在学生的成长过程中完全没有得到训练和培养的机会，还会间接地抑制学生的学习兴趣和激情，甚至还会影响学生的身心健康。因此，在"互联网+"背景下高校教学模式中，高校教学改革必须积极推崇学生为学习主体地位、培养学生的学习能动性、发挥学生的独立性的自主学习方式。第一，要求学生在自主学习过程中加强自身的管理，自觉扫除一切干扰学习的因素，能够在明确的学习区域、固定的学习时间，按照既定的学习计划实施学习活动，进而养成良好的学习习惯，树立终身学习的意识和观念。第二，要求学生树立团队协作意识，强化互助合作学习方式，利用互联网媒体形成随时随地交流的网络学习小组或者微信学习群，积极参与学校各种学习团队，提高学习质量。第三，要求学生必须掌握搜索、分析和鉴别网络电子信息资源的能力，能够科学地制订学习计划，运用合适的学习工具完成主动学习活动，还能够根据既定学习目标来归纳和总结自身的学习成果、存在问题等，并且将存在的问题和探索的结果与教师进行沟通，寻求解决。这种自主学习方式可以有效巩固学生的学习成果。

（2）高校学生应该树立"互联网+"背景下的新学习理念

"互联网+"背景下的高校教学改革模式实施的前提是师生具备同步的先进的学习理念。只有树立了"互联网+"背景下的新学习理念，才能够通过课堂教学和自我学习的方式完成专业学习的任务。学生必须充分理解"互联网+"教育的意义和对高校教育改革的重要性，更要重视其对学习方式和思维变革的重要促进作用。

（3）高校学生应该充分利用课堂学习巩固专业基础知识

在"互联网+"背景下，高校教学改革模式的探索空间非常大。但是，尽管如此，我们也不能否定课堂教学对于高等教育的专业知识学习途径的核心作用。在不断引入"互联网+"的教学新手段、新方法、新资源的情况下，学生不能本末倒置、顾此失彼，甚至忽视课堂教学的重要意义。学生必须充分利用课堂，巩固专业知识。

（4）高校学生应该利用数字化图书馆拓展知识领域

在"互联网+"背景下，高校数字化资源建设工作得到了学校及各个部门的认可和重视，尤其是数字化图书馆的发展。资源库和文献库的电子资源转化、文献的系统管理和检索系统等现代信息化数据管理技术的应用为高校图书馆突破了文献资料时间和空间的限制。利用数字化图书馆,学生可以更加多元化地了解世界,更加立体地掌握专业知识体系。当学生在课前准备、课堂学习或者课后巩固的过程中遇到无法解答的问题或者无法继续深入研究的课题时,高校图书馆为学生提供了自主学习、自我提高、自我突破的平台。

(5)高校学生应该利用移动终端设备灵活学习知识

目前,在我国各大高校中,以智能手机、平板电脑、移动电子书和笔记本电脑等设备为主的互联网设备普及率非常高。学生可以选择一种或者多种电子设备及时登录网络,解决自我知识体系中的问题。

(6)高校学生应该掌握分析和归纳数据信息的能力

在"互联网+"背景下,当代大学生接触信息的数量更多,获取信息的渠道更广,搜集的知识更丰富。但是,多种多样的知识有真有假,有与专业相关的,也有缺乏价值和没有积极促进作用的。所以,面对海量的信息,学生应该具备一定的鉴别、分析、归纳能力,将所接触的信息去伪存真,学会取其精华去其糟粕,找到自己需要且准确的信息知识。

(三)"互联网+"背景下高校教学保障措施

"互联网+"背景下的高校教学改革以一种全新的形式,在不断加大改革力度和深入实施的时候,为避免制度滞后、界限模糊、制度无效或冲突等现象出现,一套完善的保障制度必不可少。高校负责总体把握建设思路,加强"互联网+"背景下智慧化校园的基础条件建设。这就要求高校管理者应该正确认识到互联网技术、现代化信息技术对于高校发展和教学改革的重要意义,进而将智慧化校园的建设作为高校发展的重点工作来实施开展。与此同时,高校还应做好后勤、管理、教务等工作的统筹协调,从行政上保障信息化教学的顺利开展。

"互联网+"背景下智慧化校园的建设是在云技术服务平台的基础上开展的,必须将教学的管理任务和服务任务进行整合,进而逐步实现信息化转变。具体工作包括:高校通过互联网技术和现代信息化技术进行信息的收集,为教学工作管理和考核部门制定保障制度提供相应的依据;在此基础之上,高校教学管理和服务部门建设科学合理的"互联网+"背景下的高校教学模式的基础条件,并制定完善的保障制度和教师教学改革效果考核的标准。

1.技术硬件方面的制度

（1）"互联网+"高校教学改革的硬件投入

在"互联网+"背景下进行高校教学改革，需要学校管理者投入一定的资金进行基本的教学硬件的配置，以计算机、投影仪为代表的先进的教学硬件设备更是基础中的基础。目前，已经在各个高校实施并深受欢迎的慕课、翻转课堂都必须以优质的硬件设置为建设基础的教学改革方式。为保障在"互联网+"背景下顺利进行高校教学改革，高校应该增加投入的资金，与时俱进地进行教学硬件设备的更新和完善。除此之外，高校还必须重视网络在线教学平台的升级和配套应用的研发，未来还应在在线学习平台的管理过程中融入大数据技术，有效实现对学生学习的全过程监控，分析学生的个性化学习表现，为教师的教学改革提供更有针对性的建议。

（2）互联网的基础设施建设

在进入20世纪之后，计算机技术快速发展，互联网普及，高校的计算机硬件设置配备基本完备。在新时代"互联网+"背景下的高校教学改革则是按照网络课堂的标准，对多媒体教学设施、无线网络、数字化图书馆、移动接收设备等物质方面增加了投入，为"互联网+"高校教学改革提供了保障。其中，高校教师利用智能终端设备开展教学改革，需要在校园各个部门全面推动数字应用，并重视网络信号的覆盖以及网络的稳定维护和安全防范问题。在智慧化校园网络建设的过程中，首先加快基本教学使用硬件设备的更新，有效保证了智慧化校园网络的高使用率；其次，为保证校园网络的稳定性，校园各个部门的网络设备可以进行串联，提高无线网络的覆盖率和使用率，降低学生参与"互联网+"高校教学改革的成本。

（3）"互联网+"高校教学信息分析技术的发展

为了有效保障"互联网+"高校教学改革的实际效果，高校应明确利用云服务、大数据技术、校园图书馆电子资源等促进教学改革的管理流程和方法。在现代化信息技术、互联网技术、云服务、大数据分析等技术融入并渗透到高校教学各个阶段和各个环节的过程中，充分迎合教学改革的需要。

（4）高校积极组建"互联网+"高校教学改革的服务团队

在高校教学过程中，授课教师因为其专业领域的限制，对于互联网教学技术的学习能力和理解能力比较有限，这在一定程度上阻碍了"互联网+"背景下的高校教学改革进程。因此，高校应该根据专业教师的需要，组建"互联网+"高校教学改革的服务团队，以保障教师在改革过程中得到技术、操作方面的及时、便捷的服务支持。只有这样，高校教师才能把更多的时间和精力投入教学内容和课堂组织方面的开发上。

2. 教师培训制度

"互联网＋"背景下的高校教学模式与传统的教学模式之间产生了很大的差异。教师如果想适应新的挑战，必须始终保持自我学习的状态。高等教育由于分专业教学的特点，对教师的专业领域学术能力要求比较高，但对于其他方面的能力并没有更多的要求。因此，大部分高校教师对于计算机语言、一般的网站制作、网页的制作、网页设计、计算机程序设计及其他有助于"互联网＋"教学所必须掌握技术和知识都比较缺乏。高校在"互联网＋"背景下实施教学改革活动时，应该制定完善的教师培训制度。

（1）制定"互联网＋"相关的职业教育培训制度

为了使高校教师正确认识到使用计算机技术和互联网网站、网页来辅助教学的重要性，高校应面向全校教师开展相关的职业教育培训。职业教育培训的主要目的是让教师认同职业教育在高等教育体系中的重要地位，主动学习国家先进的教育理念，结合个人专业特色来确定本人的教育目标、内容和责任。在此基础上，偏重于在"互联网＋"对教学改革和提高人才培养质量的促进方面进一步展开培训，使教师可以明确高等教学领域的发展方向。

（2）制定科学系统的"互联网＋"教学改革培训制度

为了使本校专业教师掌握"互联网＋"教学改革必需的专业知识与技术，高校应制定一套科学、系统的培训课程体系。该课程体系中应包括三部分：第一，"互联网＋"教学改革的基础知识和技术课程部分，包括办公软件系统、智慧化校园、教学设备、互联网信息检索与获取、电子文献资源的使用与共享、"互联网＋"教学建设等；第二，高校互联网信息设备的使用和维护课程，包括多媒体教学系统、教务管理系统、高校后勤系统、投影机和电子黑板屏幕等；第三，高校教师电子教学资源库的建设课程，包括电子课件、微课、教学录像、教学素材、慕课等的制作。

（3）制定鼓励教师开展"互联网＋"教学改革奖励制度

在实施"互联网＋"高校教学模式的过程中，授课教师必须投入极大的精力，又很难快速见到课程的效果。所以，高校应该制定鼓励教师开展"互联网＋"教学改革奖励制度，以激发教师的热情。首先，在校内培训过程中，对学习效果较好或已经实施教学改革初见成效的教师给予一定的奖励，并组织经验交流和指导座谈会；其次，鼓励全校教师积极参与高校之间的交流会或者参加相关专业的培训课程，组织教师到那些创新教学设计、教学模式的兄弟院校参观、学习和交流，探索适合当下教学的学生培养模式、教师培养模式；最后，高校举办"互联网＋"或者信息化教学比赛，或者鼓励教师积极参加社会举办的类似比赛，达到以赛促教的目的。

3.高校信息中心辅助

为了促进"互联网+"背景下高校教学改革实施，高校信息中心应针对具体的需要建设辅助平台或取得其他技术支持。

（1）课程教学平台的建设制度

课程教学平台主要包括课程教学平台自身的搭建和课程教学平台的运行环境。高校信息中心根据国家关于慕课、微课等相关技术标准完成课程教学平台的搭建工作，并定期更新教学资源。高效安全的课程教学平台能够充分满足教师教学、学生学习的实用性要求。

（2）在"互联网+"背景下丰富教学资源

目前，我国公共办公地区、家庭等大部分地方都被2G、3G、4G、5G和Wi-Fi网络覆盖，人们可以随时随地接触到网络。高校教师和学生可以通过互联网找到教学资源和感兴趣的信息。除此之外，"互联网+"产业已经初见规模，越来越多的在线教育产品和平台不断出现，成为丰富的可用性很高的教学资源。

（3）建立多为的学习空间

伴随着移动学习终端的出现和发展，学生可以利用自习、散步、活动间隙，通过智能手机的教育类App、微信订阅号、搜索等访问目标资源，获得新知。而且很多高校建立了图书馆微信公众平台，很多书籍有二维码，学生只要关注扫描就可浏览到相关的消息或查看书籍。这些基于移动互联网技术的移动学习方式已成为当前高校学生课后学习、交流的主要方式，让学生处处可学、时时能学成为可能。

（四）使用"互联网+"的自律性培训制度

面对庞大的信息海洋，高等院校当务之急是提高学生的信息素养。一是培养学生对信息的把握程度，二是有针对性地培养学生获取和处理信息的能力，三是提高学生主动学习的愿望和自我控制的能力。与此同时，学校需要开展相应的网络自律意识教育，让学生自愿地认同网络社会规范并能结合自身实际自觉践行。

（五）"互联网+"背景下高校教学效果评估

效果评估体系是目前我国高校教学活动的风向标和指挥棒。一方面，作为一门课程的主体，教师在设计其教学效果评估标准时，主要关注学生在课堂上的表现和考试得分；另一方面，高校对这门课程授课教师的评估标准则以课程学时数量和学生对教师的教学水平评价打分为主。这样的教学效果评估标准无法如实衡量教师在"互联网+"教学改革中的工作绩效，也无法判断学生在课前自学、课堂表现和课后反馈的投入度，对知识的记忆情况和对技术的熟练程度。因此，为适应"互联网+"高校教学模式的效果评估需要，高校应建立从简单的关注结果性评估过渡到过程性评估和结果性评估相辅相成的教学效果评估体系。

对教师的教学效果评估。对教师教学的考核评价应彻底改变重科研、轻教学的局面，具体到教学考核评价中，不能仅仅局限于课时数量是否完成、学生课后满意度打分高低，还应重视在整个教学过程中师生之间是否存在有实际价值的互动，是否能够面对不同学生的情况给予独特的针对性的指导，是否能够就学生所掌握的知识情况进行科学合理的分析并进一步提出改进措施。

对学生的学习效果评估。"互联网+"背景下的高校教学模式中，对学生学习效果的评价机制也应随着现代信息技术的进步而不断改革。在传统的对学生考试成绩和所获得学分的考核基础上，应该在整个教学过程中针对学生的学习动机、学习态度、学习过程参与程度和最终的学习效果展开四位一体的评估。这种学习效果评估机制比较全面地评价了学生的学习动机、学生收集信息的能力、学生在团队中的交流和贡献能力（团队作业）、学生对所掌握的知识利用和加工的能力（社会实践）、学生对所学知识进行再创造和创新的能力（论文、课题）等。

第三节　高等教育网络与新媒体专业实践教学模式

互联网所带来的媒介接触的即时化、高效化促使人类依托互联网获取信息成为生活中不可或缺的一部分，深刻地改变了人类的生产、生活方式。新时代的社会、经济、政治等外部环境促使高等院校深化教育体制改革，改革的关键在于教育观念，核心在于人才培养体制。根据国家战略实施要求，根据相关高校培养倾向的不同进行分类，区别研究型、应用型、技术型等类型的院校，高校的关键在于培养熟悉多媒体操作以及掌握跨学科知识的网络与新媒体专业人才。

一、高校网络与新媒体专业教育改革的背景

目前，高校所使用的教学计划、教学模式、教学理念等在一定程度上依托一流大学相关专业已有的设置与建构，实践教学环节薄弱。高校的教育教学集中体现为"应用"，核心教学环节是实践教学，在新时代的历史节点上，要求以时代精神、社会要求为高校人才培养、办学质量和教育教学的基础。要构建适应经济、社会需要以及符合国家政策号召的专业结构、课程体系、教学环节、教学方法等，全面提高高校的教

学水平，培养具有社会竞争能力、技能操作能力、专业知识应用能力的高素质应用型人才。从专业理论的角度而言，高校对专业知识的教育教学注重引导学生利用专业理论、科学方法指导其在实际操作中进行创新，同时帮助学生掌握跨专业、跨学科的知识，要求面向现实、面向应用、面向实际。从应用能力的角度而言，注重学生对专业技能的掌握，采用实践教学的形式，促使学生接触实际案例，从而提升应用能力。此外，高校在网络与新媒体专业的理论与实践配比上，更强调实践层面的指导，以适应国家、社会发展的需要，遵循创新创业的教育规律，深化教育教学的改革，在教学方法、教学手段等层面进行创新，形成教学开放、机制灵活、课程多元、手段多样的人才培养创新体制。

二、高校网络与新媒体专业实践教学模式研究

在新时代的历史节点上，重新思考网络与新媒体专业的教育，以应用型高等院校为研究对象，突出高校人才培养主要基于"应用"的创新，强调人才的实用能力、创新能力，结合网络与新媒体专业的学科基础、专业特色、社会需求实现该专业人才培养的广泛性、持续性和密切性。

（一）实践设计："兴趣 + 项目"的创意驱动

目前，传媒课程体系的设置局限于课堂，以教师讲授为主要的形式，以固定的教材及参考书目为知识输出主体，导致学生接受的知识不适应现代社会的人才需求。新时代对网络与新媒体专业人才的需求，表现为要求其把握行业新理论、新知识、新技能、新动态，强调人才培养与社会、产业之间的与时俱进，使人才培养具有较强的包容性，培养出涵盖多学科、多领域、多技能的综合应用型人才。

为适应经济社会发展和科技进步的要求，基于现实媒介环境、社会环境、经济环境等综合因素，以情景模拟作为高校网络与新媒体专业的基本课堂设计方式，采用"兴趣 + 项目"的课堂组织形式，促使学生自主化、兴趣化学习。深度推进学院与企业、政府之间的合作，采用高校地域范围内新媒体岗位中具有典型代表性或者教学意义的项目作为课程体系中的项目。以兴趣的"凝结"为学习的原始动力，使有相同兴趣的学生聚集在一起，教师以引导者、指导者的身份介入项目之中，以学生的兴趣为出发点，围绕具体的任务进行适当的专业知识讲解，实现在实际任务的执行中进行实践教学与理论教学的深度融合。整个课程设计旨在培养学生自我的学习动机，刺激学生自主求知的欲望以及提升其自主创新的能力。

强调以"项目—任务""兴趣—专长"为主要导向的人才培养模式，以最大限度挖掘学生的潜能，实现个性化人才培养的目的。项目是整个教学活动的主体与灵魂，承载了专业知识与实际操作技能，直接影响教学效果，具有极强的可变性、多因性、不可控性，要求教师对专业知识具有全面的把握，并认真地设计每一个任务环节的知识点链接，强调可操作性任务下的知识融入以及教学实践，通过"兴趣＋项目"形式的课程教学，调动学生对专业知识的兴趣，强调在学习专业知识的同时达到学以致用的效果。

（二）实践体系："理论＋实践"的跨学科融合

高校人才培养的宗旨在于培养人才的应用能力，坚持专业的教育教学活动与现实社会中的生产、劳动、实践相结合，提升学生的生产能力、操作能力。高校致力于使院校所培养的专业人才与市场所需要的专业人才相吻合，实行以市场、人才准入机制等为导向的人才培养体系建构，充分利用社会上的教育资源，结合企业等社会机构，开展深度的校企合作。

教师教学层面，注重理论教学、实践教学之间的协调，网络与新媒体专业的专业教师根据专业知识的教学进度进行教学设计。应强调在学习专业理论知识的同时，让学生分组进行专业项目实践，开展小组交流、讨论，组员分工共同完成专业实践任务。此外，专业教师要深入各小组的讨论、交流与实践中，以激发学生自主学习的动力为主，鼓励学生积极思考与探索，刺激学生创新能力的发挥，注重特长的培养与学生的个人发展，协助其将自己的项目成果变成现实产品，并邀请业界专家和学生一起来分析、评价项目。

多元主体合作层面，以科研院所、高校、企业、政府为多元主体，共同参与网络与新媒体专业人才培养的协同创新，实现人才、技术、信息等层面的资源整合，共同构建优质的人才培养平台，营造高校、科研院所所主导的理论学习与政府、企业所主导的实践学习深度结合的学术氛围，开展人才培养方案在理论、技术、研究多方面的创新。针对各方创新力量、科研资源、基础设施等分散的情况，注重协调合作机制的建构，成立由高校、企业、科研院所三方为代表的管理机构、公共服务组织、机制协调部门，以便协调高校、企业、科研院所三方信息、数据、设备、人才等资源的使用与分配。此外，强调高校之间、学科之间的交叉作用，以网络与新媒体专业为中心，打破原有的学科界限，融合相关学科的知识，有目的、有计划地进行教学设计、教学组织，实现综合能力的培养，通过不同学科的交叉式、渗透式学习，使学生对知识形成整体性、系统性、全面性的认知，提升学生系统学习的能力，培养学生的辩证思维。

（三）教学配置："实训＋实验"的资源优化

校内基础设施建设方面，注重对网络与新媒体专业实验实训中心、工作室的搭建，以校园试验基地为依托，主要负责 Office、PremierePro、Photoshop、Dreamweaver、Cad 等与网络与新媒体专业相关的常用软件的教学。此外，新媒体工作室采用项目与教学任务相结合的方式，让学生在教师的指导下对项目进行独立处理，主要通过专业特点和需求制定社会岗位需求较大的营销策划方案以及产品制作、视频制作计划，培养学生专业知识与实践操作相结合的能力，促进其创新思维与能力的培养。校外综合"实训＋实验"平台方面，充分利用社会资源，将企业、学校、科研院所进行资源整合，建立校外实训基地，通过模块化、项目化的专项训练将实践与理论进行结合。通过企业项目运行，以网络与新媒体专业学生的实践以及创新培养为主要目标，以"双创"教育为宗旨，实现学生以创新思维、创新能力以及创业思维、创业能力为代表的动手与实践思维及能力的培养，为培养应用型人才提供强大的平台支持。

实训过程中结合任务责任化、任务分块化、任务驱使化的特点，重在考核任务完成过程中学生发现问题、解决问题等实际能力，强调通过"项目—兴趣"驱动的方式，形成自主的实训、探讨、研究。实训结项阶段的考核依照市场对任务结果的期待进行评价，形成"市场评估＋校内评价"相结合的机制，对学生的成果进行商业化评价，例如推广产品的市场反馈率，包含视频、文案等的点击率、转发量等，将校内校外进行紧密的结合，摆脱单纯的校内完成作业的形式，以市场为驱动实现学生实训的市场化。

高校对网络与新媒体专业人才的培养主要集中在人才的操作能力、创新能力上，在人才培养的过程中侧重于专业技能，强调动手能力、解决问题的能力、创新能力的培养。高校强调培养学生以创新精神、思维、意识为基本取向的学习思想、理念，网络与新媒体专业处于新时代的风口，其实践教学体系应注重跨学科的融合，从而更好地将该专业的教育、地方新媒体产业的发展、国家对教育改革的新要求融为一体，以提升应用型高等院校网络与新媒体专业人才培养的质量，适应社会、经济、政治、文化发展的历史潮流。

第七章 高等教育人才培养的多视角分析与途径

第一节 交叉学科建设与拔尖创新人才培养

高校如何培养拔尖创新人才已经逐渐成为国人关注的焦点和我国政府着力推进高等教育改革的政策取向。实践中，拔尖创新型人才培养是一项系统工程，涉及教育理念、培养目标、培养过程、教学管理和考核评价等诸多要素的协同改革，但归根结底人才培养是通过学科进行的，学科是高校进行科学研究、人才培养的基本单元，学科建设成效或早或晚、或直接或间接需要通过人才培养得以体现。因此，当前有必要重新审视学科建设与人才培养的关系，特别是要重点推进交叉学科建设，培养拔尖创新型人才。这里涉及两个方面的内容，即"交叉学科建设"与"拔尖创新人才培养"，但讨论的问题主要集中在二者之间的关联以及如何通过交叉学科建设推进拔尖创新人才的培养。

一、交叉学科建设与拔尖创新人才培养的相关性

从逻辑上讲，要培养拔尖创新人才，首先要弄清楚何谓拔尖创新人才。但就这个概念本身而言，也是众说纷纭，见仁见智，这主要是因为人们理解拔尖创新人才的视角不同，不同的视角导致人们对拔尖创新人才内涵的不同理解。尽管如此，我们还是可以发现拔尖创新人才所具有的最基本的共性特征：一是有宽阔的学术视野；二是具备创新性的思维品质。其中，宽阔的学术视野是创新性思维品质形成的基础，没有宽阔的学术视野，创新性思维品质的形成就无从谈起。但这并不是说二者是可以画等号、合二为一的。相对而言，宽阔的学术视野和跨学科知识是第一位的，是拔尖创新人才所必须具备的最基本素质。

科学的发展把分化与综合紧密地联系起来，把人为分解的各个环节重新整合了起来。在这种背景下，科学研究突破了单一学科认识世界的局限，交叉学科研究或跨学

科研究逐渐成为认识世界的主流范式，以至于研究与学术成果在前沿领域与尖端领域的突破通常认为要涉及不同的学科；现代学术问题、社会问题、技术问题、经济问题的复杂性，要求综合的方法与技术合作。现代科学技术发展的成就也表明，许多原创性成果大多产生于交叉学科或跨学科领域，许多在学术上做出突出贡献的学者都具有多学科的知识背景，这就是在交叉学科领域容易产生创新人才的主要原因。

那么，如何培养这样的创新人才？或者说，要培养具有多学科知识素质的创新人才，高校要进行什么样的变革？现代高校不仅要进行知识创新和学科建设，而且要运用科学研究和学科建设的新成果、新方法培养人才，继而通过培养的人才进一步推动知识创新与学科发展。因此，科学研究、学科建设与人才培养是一体的，人才培养必须通过科学研究或学科建设来进行，跨学科、复合型的创新人才必须通过交叉学科或跨学科来培养。现代高校学科众多，大师云集，应适宜进行学科交叉研究和跨学科人才培养。同时，受经济社会发展对科技创新的需求拉力、学科自身发展的内在逻辑张力的驱动，要求高校降低学科"围墙"，打破不同领域之间的体制性壁垒。事实上，在知识经济社会，交叉学科已经成为知识生产过程的一部分，而不是单一学科的外围事件，教与学、研究与学术以及服务工作不再简单的是学科内部或学科外部的问题，学科交叉既在学科之内，也在学科之外。一般来说，交叉学科主要是源于问题研究的需要和学者的学术研究兴趣，进而使不同学科或学科专家聚集在一起，研究相对于单一学科来说更为复杂的问题，学科之间经过不断的推拉与牵扯，逐渐形成了相对独立的专业化领域和新的知识生产范式。随着交叉学科的渐趋成熟，在传统学科之外，也逐渐分化出了人才培养的新专业，从培养目标而言，这些新专业大多要求知识结构的混合型特征。

学科交叉活动涉及不同学科之间的合作以及组织结构上的变革，所以在高校组织内部，有相当数量的学科交叉活动是以隐性的形式进行的，包括学者之间基于问题研究的自愿合作、基于共同利益的小组协作。这些组织大多属于非正式的团体，没有固定的组织机构，是一种自发的并持续潜在进行的新知识的生产方式。但随着跨学科活动的日益频繁，越来越多的学科交叉活动、学术创新性成就发生在更具有学科交叉意识的学院、项目基地、研究中心、实验室等资源交汇的地方，开始建立专门的交叉学科研究机构，这些机构不仅成为知识创新中心，而且逐渐具备了交叉课程开设和交叉学科教育的功能。最初，交叉学科教育课程仅仅是通识课程的一部分，随着交叉学科研究的进展，一些高校陆续开始开设交叉学科课程，建立多学科研究小组，为学生和教师提供交叉学科研究机会。

可以说，推动交叉学科教育发展的影响因素是多方面的，其中知识整合的理念与实践以及多学科融合的知识生产方式是最主要的驱动力，与此相适应，高校也必须打破传统的单科教育模式，给予学生更为全面的教育。从根本意义上来说，交叉学科教育的核心是知识的整合，其过程是各个学科的相互作用，其目标是培养学生解决复杂问题的能力。可见，作为单科教育的制衡力量，交叉学科建设与交叉学科教育正在成为世界各国高校教育改革的基本趋势，成为培养创新型人才的主要途径和方法。

二、高校面临交叉学科建设与拔尖创新人才培养的双重困境

就中国高校而言，交叉学科建设与培养拔尖创新人才之间的关系如何？如何通过交叉学科教育培养拔尖创新人才？这些都是值得研究的课题。可以说，培养拔尖创新人才的问题实际上是高校人才培养模式的改革问题，要培养拔尖创新人才就必须对高校传统的人才培养模式进行根本性的改革。拔尖创新人才不同于一般人才的培养标准，一般人才要求具有严密的逻辑思维和较强的做事能力，对专业知识和专业能力的要求比较高，而拔尖创新人才尤其是科技创新人才要求具有较为宽阔的知识视域，因为科学上的创新不能仅靠严密的逻辑思维，创新的思想通常开始于形象思维，从大跨度的联想中得到启迪，然后运用严密的逻辑加以验证。

在中国高校实践中，单科设置的组织结构体系、狭窄的专业设置体系与培养拔尖创新人才的要求格格不入。当前，学术界对交叉学科重要性的认识以及对交叉学科的研究主要集中在科学研究或学术创新方面。实际上，从培养拔尖创新人才的角度而言，交叉学科建设具有自身的特殊意义。然而在实践层面，无论是交叉学科建设还是拔尖创新人才培养都还没有形成有效的运行模式，更没有形成二者之间的互动机制，中国高校内部面临交叉学科建设与拔尖创新人才培养的双重困境。

（一）交叉学科建设面临的制度问题

一方面，交叉学科建设与发展面临着传统的制度障碍；另一方面，现有的交叉学科建设成果难以转化为创新人才培养的资源。所谓交叉学科，是自然科学、社会科学、人文科学、数学科学和哲学等大门类科学之间发生的外部交叉以及本门类科学内部众多学科之间发生相互作用而交叉形成的理论体系。《国家中长期科学和技术发展规划纲要（2006—2020年）》指出："微观与宏观的统一，还原论与整体论的结合，多学科的相互交叉，数学等基础科学向各领域的融合，先进技术和手段的运用，是现代科学发展前沿的主要特征，孕育着科学上的重大突破，使人类对客观世界的认识不断地超越和深化。"实质上，交叉学科不是学科之间的简单相加和有形的学科组织结构的调整，

学科交叉主要体现为学术思想的交融、学科之间思维方式的综合和系统辩证思维的形成。但由于受传统的观念、理论、体制三大软肋根深蒂固的影响，跨学科研究和跨学科教育都处于单学科体制的边缘地带，虽然 20 世纪 90 年代以来的院校合并使许多不同学科类型的高校合而为一，学科专业数量增多了，但由于学科并没有实现实质性融合，实际上交叉学科和交叉科学研究难有立足之地。即使如此，并不能说我们还没有认识到交叉学科建设以及交叉科学研究的重要意义，不少重点高校都设置了几十个甚至上百个研究所或研究中心，但迄今为止，我们的认识以及所采取的应对措施似乎都是不得已而为之的权宜之计，绝大多数跨学科研究机构挂靠在院系，实际上是既无办公用房又无日常运行经费的虚体，更缺少跨学科研究的有效保障机制。因此，与认识上的重要性相比，我国高校交叉学科建设实践中不同程度地存在职权模糊、队伍不稳定、方向多而杂、投入少而散等问题。

具体到研究者个体而言，交叉科学研究是每一位高校教师都能做到的事情，甚至在 20 世纪科学发展进程中，跨学科研究已经成为学术意识的一部分，用跨学科视野来处理一个学术问题并不需要太多的勇气与独创性。但在高校内部要用制度化的方式来处理交叉科学研究问题，形成稳固的交叉学科组织体系和有效的运行机制确实是一个十分复杂的难题，因为学科互涉从一种思想发展成为一系列复杂的活动，包括其主张、活动和结构，它是对正统的挑战，是变革的力量，因此交叉学科建设在实践中遇到的障碍与挫折也是普遍存在的。与这种虚弱的交叉学科建设体制相适应，交叉学科教育不仅得不到体制上的保障，而且在认识上还没有完全"觉醒"，依靠交叉学科培养创新人才还仅仅停留于口头上。现在的学术人员通常是凭借着在传统教育模式中受到的训练而进入研究队伍的，这种教育模式十分强调单一学科专业教育的重要性，即使在学习期间接受了一些通识课程的学习和训练，但在本学科专业之外接受跨学科教育的机会十分有限，这在很大程度上限制了他们跨学科研究以及迅速进入新研究领域的能力的发展。目前，交叉学科建设还局限于学术研究或问题研究领域，相关资源、设备以及研究人员的调配都是为了应对研究的需要，交叉学科建设成果没有转化为创新人才培养的优势，在课堂教学中没有体现交叉科学研究的新成果，也没有成功地让学生掌握处理跨学科的复杂问题、复杂情形所需要的整合技巧；高校内部组织机构的变革没有体现学科建设与人才培养之间的渗透与联系，科学研究与教学之间的体制性断裂依然难以弥合。在这种背景下，培养创新人才只能是"纸上谈兵"，遑论大师级人才的培养。

（二）交叉学科培养创新人才的机制问题

交叉学科培养创新人才的机制还不健全，交叉学科培养创新人才的模式仍需要多元化探索。高校交叉学科建设与创新人才培养是相辅相成、互为一体的关系，其中，人才培养是交叉学科建设的基本任务，要实现高校多学科的融合与交叉，形成交叉学科的研究氛围，必须培养坚持跨学科价值观的研究人员。同时，交叉学科建设也是培养拔尖创新人才的基本途径。实际上，我国高校特别是研究型高校具有交叉学科培养拔尖创新人才的优势与资源，如学科专家云集，学术思想活跃，科研设备一流。但在实践中，高校交叉学科培养创新人才还存在不少障碍，无论是本科生教育还是研究生教育，高校的资源配置、教师编制、课程安排、考核评价等都以相对固化的学科专业或自我封闭的院系为组织单位，学科以及不同学科学者之间壁垒森严、沟通交流困难，小型、分散的单科组织模式把学生限制在狭窄的专业范围内，难以吸收到多学科的知识滋养，学生的创新思维的发展受到很大限制。

实际上，单科教育的体制困境并没有阻滞高校交叉学科培养创新人才的自主性、零星式探索。一方面是因为实施交叉学科教育、培养拔尖创新人才已经成为高校教育改革的主要趋势和发展动力；另一方面，传统教育结构还有很强的"惯性"，无论是对现有结构的修正还是创造一种新的结构都需要一个过程。近年来，我国高校在交叉学科人才培养方面采取了一系列举措。一是跨学科课程的设置。这类课程主要有为某一学科专业开设的专业核心课程之外的其他学科课程、为某一学科专业学生开设的跨学科综合性课程、面向全校学生开设的通识性课程三种形式。二是交叉学科专业的设置。具体表现为一些研究型高校在本科专业目录之外自主设置了交叉学科专业，开始尝试在本科层次培养跨学科、复合型创新人才。但值得指出的是，这些改革举措大多还局限于人才培养课程体系和教学内容上的变革，或者只是学科专业结构等形式上的调整，同时现行改革探索在实践中仍然受到体制和资源整合等多种因素的干扰。实际上，交叉学科教育不是不同学科课程的杂陈，因为每一门交叉学科都有其自身的特点和知识体系，其人才培养的规律也是不一样的，交叉学科的多样性带来了相关交叉学科人才培养的多元化取向。但是，我国交叉学科人才培养仍处于探索阶段，不仅缺少对交叉学科教育共性理论和方法的研究，更缺少对交叉学科教育模式的多元化实践。

三、制度创新——构建交叉学科建设与拔尖创新人才培养的协同机制

提倡交叉学科建设并不意味着单一学科的终结，也不意味着完全忽视学科的边界，而是提供一种从不同侧面研究问题的氛围。现代科学发展到今天，已经没有某一门专门学科的研究可以仅靠本专门学科单科独进方式深入下去，因此，高校必须培养适应学科交叉和交叉科学发展的创新人才队伍。与传统的高校组织模式与教育体制相比，学科交叉不仅是学术发展的动力，也是人才培养模式的根本性变革。现在的关键问题是要打破交叉学科建设与创新人才培养之间的"闭锁"状态，构建二者之间的互动与协同机制。

（一）树立高校交叉学科意识

无论是科学研究还是人才培养，都要树立高校交叉学科意识。在科学研究和人才培养的实践中，无论学科还是专业，其边界都是相对的，不存在一成不变的固定"疆界"。科学进步本质上是不断挑战人类未知世界的过程，科学研究本质上就是学科的知识边界和壁垒不断被打破又不断形成的过程。高校专业发展也是如此，随着经济社会发展和科技进步，专业不断分化、重组，不适应社会发展需要的专业不断被淘汰，新的专业不断出现，其本质就是知识创新在高校人才培养专业分类上的反映。美国关于高校学生专业选择的研究报告证实，学科专业划分不再是不证自明的，情景化的探索重新划分了边界，在拥挤的领域可以进行交叉研究，各种交叉学科专业也在科学研究所进行的知识融合中诞生了。

在现代，虽然在高校内部学科的主导性地位并没有削弱，但与此同时，由于受到新需求、新利益、新技术的推动，催生出新的课题及看待旧课题的新方法。学生与他们的老师、研究者与学者共同生活在一个问题的复杂性既需要特殊技能，也需要整合技能来解决的世界上，生活在一个所有文化边界的总体削弱以及混淆范畴日趋模糊机构界限的时代，这一过程称为学科发展的"后现代阶段"，也即是我们所说的"高校交叉学科时代"。因此，高校交叉学科观念应该成为高校科学研究或人才培养的主导性价值观，具体表现为在科学研究、课程设置、专业建设、教学内容改革中破除学科壁垒与资源封锁，积极开展跨学科研究与跨学科教育，培养学者和学生开放的学术胸襟，使他们能够从更宽阔的视野看待单一学科的局限性以及学科与学科之间的联系。

（二）为交叉学科发展和交叉学科教育提供制度保障

一般而言，一个新学科在高校内部要得以发展与繁衍取决于三个基本要素：一是

该学科在整个学科体系中合法地位的确立；二是有相应的组织机构作为保障；三是该学科人才培养机制的建立。当务之急是确立交叉学科在整个学科体系以及在高校学科生态系统中的合法地位。在宏观层面，要进一步完善交叉学科发展的政策支持体系，制订国家交叉学科研究和交叉学科发展战略规划，学科专业目录修订要给予交叉学科更多的发展空间；无论是国家自然科学还是社会科学基金项目评审都要鼓励交叉学科的课题研究并建立交叉学科专项资源与成果评价体系，在高校组织内部，学校层面要设立交叉学科建设与人才培养领导机构，负责对交叉学科发展和人才培养活动进行总体规划和实施，保证不同院系、学科专业之间的有效沟通。在院系层面，交叉学科研究与人才培养的组织管理可以有三种方式与现有院系发生联系，一是在院系设立专门的交叉学科研究与教育机构；二是单独设立交叉学科研究与教育院系；三是部分研究与教育活动由院系管理，部分由学校或院系层面的交叉学科研究与教育机构管理。

具体在实践中采用哪一种模式，必须根据不同高校的管理文化、现行体制以及具体的交叉学科研究或教育活动的需要，进行因校、因事制宜的制度创新。关于制度创新路径，既可以采取自上而下或自下而上的方式进行，也可以采用上下联动的方式进行。自上而下制度创新路径针对性强，有助于学校根据自身的学科优势加强交叉学科研究和人才培养；自下而上的方式有助于调动基层院系的积极性，有利于交叉学科研究与人才培养模式的多元化探索。但不管采用哪一种路径，行政推动与调动基层学术组织的积极性是必不可少的推动力。

（三）促进交叉学科研究与人才培养的资源整合

无论是交叉学科建设还是人才培养都涉及不同院系、不同学科专业之间的合作，涉及对现有组织机构和组织结构的调整以及学术和教学资源的优化整合。目前，高校交叉学科建设偏重于机构设置、基地建设、经费筹措、项目研究等方面，而忽视了对学生培养的关注。在实践中，许多交叉学科研究和实验中心单纯只是进行课题研究，不同学科教师之间的合作也仅限于项目合作，而较少在学生培养方面进行合作，虽然有些交叉学科研究机构开始招收研究生，但还没有形成有效的跨学科协作培养的有效机制。

至于高校教育，尽管不少高校设置了交叉学科专业，但专业内涵建设、课程建设、体制机制建设与培养创新人才的要求还相距甚远。当务之急是通过政策调节，鼓励进行交叉专业建设，开设交叉学科课程，用交叉学科研究成果丰富教学内容；鼓励教师组成跨学科教学团队，合作主讲跨学科课程；打破院系之间"各自为战"的学科建设和人才培养格局，理顺各院系之间的利益关系，建立院系之间协训机制和资源分配机制。同时，高校交叉学科建设和人才培养不可能是关起门来封闭进行，实际上，无论是交叉科学研究还是人才培养都离不开政府、行业企业和相关研究机构的支持和配合，因此高校必须密切与科学界、企业界之间的合作关系，建立有多元利益主体参与的产学研合作机制，真正将交叉学科研究与创新人才培养结合起来。

第二节　产学研合作与创新人才培养

随着我国高等教育的大规模发展，质量问题逐渐凸显并成为近年来社会各界广泛关注的重要议题。综观最近一段时期人们关于提高高等教育质量的讨论，主要包括两个方面的内容：一是如何提升整个高等教育系统的质量；二是如何培养创新型人才。这两个方面的内涵既相互联系，又各有侧重，一方面要在提升整个高等教育系统质量的前提下，着力培养创新型人才；另一方面把培养创新型人才作为我国提升高等教育质量的突出任务，或者说，培养创新型人才本身就是提高高等教育质量的应有之义。尤其是随着"钱学森之问"的深入人心，如何培养创新型人才特别是拔尖创新人才开始成为人们关注高等教育质量问题时所力求破解的难题。尽管不少学者或教育实践工作者已经提出了关于对这一问题的见解，但我们认为，培养创新型人才必须有赖于对传统的人才培养模式进行根本性的变革，有赖于搭建高水平的科学研究或社会实践平台，特别是要在实践层面全面落实产学研合作的育人功能。

一、从人才培养的视角全面理解产学研合作的内涵

在现代社会以及知识经济背景下，高校已经走出"象牙塔"，越来越多地与企业、研究机构合作，组成推动经济社会发展的"产学研合作共同体"或"产学研合作联盟"。但随着现代高等教育以及产学研合作功能的扩展，产学研合作在实践中逐渐成为一个内涵歧义颇多、理解各不相同的概念。如果以高校为中心，产学研合作就包括产学合作、学研合作、产学研合作三种模式。从不同合作主体的视角来看，产学研合作的侧重点或目标也有所不同。在企业看来，产学研合作更多地被认为就是企业与高校、研究机构三方合作的简称，其目的是通过产学研合作充分利用高校和科研机构的科技和人才资源，促进企业产品开发、结构调整、科技成果转化、技术进步，进而提高产品质量和生产效益；从高校的角度看，产学研合作则主要是指高校的人才培养或教学活动、科研活动与企业生产活动之间的合作，其目的是促使高校更多地走向社会，获得

更多的科研与教学资源的社会支持，进而提高高校的科技成果的经济效益和社会效益，提高人才培养质量；从政府的角度着眼，通过产学研合作，实现高校、科研机构的科技、人才资源与企业的有效对接，提高我国经济社会发展的科技成果含量，提高我国高校的科研水平与企业的自主创新能力。

因此，有学者认为，产学研合作只有高校、企业和研究机构三方是不够的，还必须有赖于政府的参与、制度规制和政策调节，只有这样，才可能建立有效的产学研合作机制，实现产学研合作效能的最大化；在此基础上，不少学者进而提出了"官产学研合作"的概念，这里的"官"就是指各级政府。

可见，从不同视角看待产学研合作，其合作主体、合作内涵、合作功能会有所侧重，甚至会有根本性的差异。单纯从高校的视角看，人们对"产学研合作"内涵的理解也不尽一致。从合作内容而言，产学研合作既包括高校的教学、科研活动与社会企业科技生产活动的合作，也包括与高校自身的科技成果转化和科技园区生产活动的结合；从合作功能而言，不同层次和类型的学校，其侧重点也会有所不同，有的学校侧重于产学研合作的科技成果转化与科技的社会服务功能，追求学校科技活动的经济效益和社会效益，有的学校侧重于产学研合作的育人功能，追求培养人才的实践能力和创新能力。当然，从较为理想的状态而言，产学研合作这两方面的功能应该是合二为一、相辅相成的，但在实践中却出现了二者功能的"隔离"，有意或无意地忽略了产学研合作的育人功能。在这种情况下，为了彰显产学研合作的育人功能，有学者进而提出了"产学研合作教育"的概念，可以说其是产学研合作在育人功能上的拓展和深化。

现代高校的职能主要包括人才培养、科学研究和社会服务，尽管三大职能各有不同的运行逻辑和任务分工，但人才培养是高校的核心职能，是高校之所以为高校的根基所在，科学研究和社会服务归根结底都要服从和服务于人才培养工作。从这个意义上说，产学研合作机制是现代高校的三大职能之间关系的逻辑延伸及其在实践层面的实践表征。实践中人才培养是一个上位层次或实现途径更为宽泛的概念，要想更好地发挥产学研合作的育人功能，还必须深入人才培养的核心环节教学过程中，即通过产学研合作，使教学过程成为学生参与科学研究的过程，成为提高学生实践能力和创新能力的过程。由以上分析可以得出结论，对产学研合作不能仅仅进行"望文生义"式的理解，而且要根据不同层次高校产学研合作的具体目标进行实践层面的阐释。从育人功能而言，产学研合作具有更丰富、更全面、更深刻的内涵，它包含高校的知识转化、知识传授、知识创新三大功能，同时具有高校学生学习、创业、探究的行为含义。从这个层面来理解，高新知识是产学研合作的基本要素，以高新知识的传承、创新与应用为核心的产学研合作本身就蕴含着十分重要的人才培养价值。

二、产学研合作是高校培养创新人才不可或缺的途径

尽管目前学界对于什么是创新人才，或者创新人才应具有什么样的素质和能力，见仁见智，但可以肯定的是创新人才不是单一标准的概念，因为现代社会需要不同层次、不同类型的创新人才。至于如何培养创新人才，由于学科专业性质不同，培养目标不同，在实践中也不可能有非常一致化的认识，但我们可以通过对影响创新人才培养的因素的分析发现培养创新人才的着力点。从实践层面而言，影响创新人才培养的因素大致可以分为两大类：一是办学条件和师资水平；二是人才培养模式或教育方式。当然二者绝非截然分离。但在办学条件和师资水平相对不变的情况下，人才培养模式是影响创新人才培养的核心问题。按照王伟廉教授的观点，人才培养模式包括人才培养目标、实现目标的途径和方法、实现目标的评价以及教育体制机制等方面。从哲学视角来理解，人才培养目标是人才培养模式的内核，而实现培养目标的教育途径和组织方式是人才培养模式的外壳，内核属于内容，外壳属于形式，形式是为内容服务的。也就是说，提高教育质量、培养创新人才，首要问题是要进行人才培养模式的改革，而人才培养模式改革的关键是要进行培养途径及其组织方式的改革。

当前，世界科学领域的竞争日趋激烈，市场经济大潮和政府的强力推动为企业技术创新创造了良好的环境，社会各领域需要一大批创新人才。社会衡量创新人才的主要标准是能否适应社会发展需要，能否解决科学领域或技术创新领域的重大社会需求和关键问题以及工程技术领域的重大实践问题。在这种背景下，高校传统的人才培养模式已经越来越不能适应培养创新人才的需要，实践中必须改变高校人才培养自我封闭的体制机制，改善人才培养脱离社会经济发展和科技发展的状态。从这个意义上说，产学研合作是培养创新人才不可或缺的途径。之所以"不可或缺"，是因为学生只有在参与科学研究和科技创新活动中才能激发自身学习的潜能和创新的兴趣；只有让学生身临其境，参加高水平的科研和社会实践工作，才能促进学生创造性思维的发展、科学精神和创新能力的养成。在我国，近年来产学研合作也已经成为培养创新人才的重要战略举措，《国家中长期人才发展规划纲要（2010—2020年）》明确提出"实施产学研合作培养创新人才政策"，而《国家中长期教育改革和发展规划纲要（2010—2020年）》与此一脉相承，强调"教学、科研、实践紧密结合""加强学校之间、校企之间、学校与科研机构之间合作以及中外合作等多种联合培养方式""推行产学研联合培养研究生的'双导师制'"等。

　　也许有人认为，培养创新人才不仅仅是大学的责任，因为创新人才的成长还取决于政府政策的支持以及大学毕业后个人的主观努力和社会实践锻炼，大学或许只是培养创新人才的"苗圃"。但不可否认的是，大学阶段是一个人创新才能发展的基础和最为关键的阶段。无论是在校本科生或研究生，他们思维活跃，具有很强的创新潜力，在这个时期让他们接触科学研究和科技创新活动或具有创新性的社会实践活动，将有效提高他们的创新素质和实践能力。从这个意义上讲，仅仅靠传统的知识授受型教学对培养创新人才是无能为力的。产学研合作对于培养创新人才之所以如此重要，一方面，是因为培养创新人才是一项系统工程，涉及课程体系与教学内容、教学手段和方法、师资队伍、社会实践（教学实践）基地、科研平台等因素，产学研合作机制有利于将这些分散的教学资源整合起来，将相互脱离的各个因素统一于人才培养的全过程，把人才培养置于教育、科技、经济的大系统中统筹考虑，使产学研合作成为培养创新人才的有效载体。另一方面，之所以强调产学研合作对于培养创新人才的重要性，主要是针对我国当下的大学人才培养模式的弊病而言的。我国大学人才培养模式存在的问题不仅表现在跨学科基础薄弱、创新能力不强、发展后劲不足、适应能力差等大学培养的人才"结果"方面，还表现在人才培养的"过程"方面。

　　长期以来，我国大学教育以"知识传递""知识再现"为主要特征，注重培养"适应"社会发展需要的人才，人才培养过程缺乏与知识创新、科技创新、科技成果转化的有机联系，不仅与大学密切相关的企业和研究机构的教育资源没有有效利用，而且大学自身的科研以及科技活动的育人功能也没有得到真正发挥。在课程体系与教学环节的安排上，重理论教学，轻实践教学，忽视创新实践对学生运用知识、创新知识以及培养发现、分析和解决问题能力的基础性作用；在教学内容上，较为陈旧，科研与教学脱节，缺乏科研成果转化为教学内容的有效机制；在教学方式上，课程教学大多是以讲座式为主，研究性教学较少，学生不敢质疑，很少参与讨论，创造性思维的发展受到限制与约束。通过完善产学研合作机制不仅可以构建理论与实践、传承与创新之间的"桥梁"，而且可以打破传统人才培养模式的惯性制约，创新人才培养理念和教育途径。可见，无论是创新人才所要具备的基本素质要求，还是创新人才成长所需要的环境，都需要重新定位产学研合作的育人功能和价值，把培养创新人才贯穿于产学研合作的过程中。

三、产学研合作培养创新人才的模式选择与制度创新

　　产学研合作涉及不同合作主体权利和义务的规制，涉及分属于不同场域资源的优化与整合。从培养创新人才的角度而言，产学研合作是将教学过程与直接获取实际经

验、实践能力为主的生产、科研实践的有机结合。当然,这种"结合"不可能自然发生,而必须根据具体的人才培养目标,构建相应的产学研合作模式,推进产学研合作的制度创新。

(一)探索与实践多元化的产学研合作培养创新人才模式

从根本上来说,产学研合作是现代高等教育的基本原则,是高校人才培养的基本途径。但不同层次与类型的高校以及不同的人才培养目标,产学研合作培养人才的功能定位、合作主体、合作内容都应该有所不同。从这个意义上来讲,产学研合作不存在一成不变的固定模式,创新人才培养的产学研合作模式也应该是多元化的,如教育部正在实施的"基础学科拔尖学生培养实验计划"和"卓越工程师教育培养计划"就属于不同层次的创新人才的培养目标。前者着眼于培养基础学科领域"大师级"创新人才,后者着眼于培养应用学科领域的创新人才。当然,无论是大师级人才的培养还是卓越工程师的培养,都涉及人才培养模式、培养环境、师资条件、管理制度等方面的一系列变革,但产学研合作是必不可少的途径。

从产学研合作的模式与目标取向而言,基础学科拔尖学生的培养更多地强调大学与研究机构合作,更多地强调教师把学术研究与学生培养结合起来,给予学生更多的参与重大研究项目和基础性研究课题的机会,国家重点实验室、教师科研实验室等科研资源都要向学生开放,同时要创造条件,鼓励学生利用国外优质科研资源开展研究工作。相比较而言,卓越工程师的培养有不同于基础学科创新人才培养的特点:一是行业企业深度参与培养过程;二是学校按通用标准和行业标准培养工程人才;三是强化培养学生的工程能力和创新能力。可见,卓越工程师的培养关键是要改革工程教育人才培养模式,创新高校与企业联合人才培养机制,给予学生更多的参与企业技术创新活动的机会,注重在工程实践中培养学生的工程能力和创新能力。

(二)建立创新人才培养的产学研合作管理体制

当前,创新人才培养已经列为提高高等教育质量的重大项目和改革试点计划,理应得到企业和研究机构乃至全社会的支持;同时,产学研合作培养人才需要大学与政府之间、大学与企业之间、行业主管部门与企业之间、大学与政府或教育主管部门之间、大学内部各部门之间的沟通与协调,共同解决在人才培养过程中出现的难题。因此,这就需要打破以大学为中心、自我封闭的人才培养体系,建立产学研合作的人才培养的管理体制与运行机制。

首先,国家和省级政府要建立产学研合作领导体制和管理机构,负责产学研合作的政策制定、组织实施、开展试点与经验推广、检查评估等,并把人才培养作为产学研合作绩效考评的重要依据。其次，大学要积极与政府、企业以及研究机构合作，成立由大学、政府、行业和研究机构等相关领导组成的产学研合作领导与协调机构，并把人才培养作为重要工作。最后，就大学自身而言，要打破人才培养与学科建设、科学研究的体制性壁垒，把学科建设资源、科研资源转化为培养创新人才的优势，有条件的大学要积极创造条件，鼓励学生参与校办科技产业的科技创新与成果转化活动；通过教师考核与评价制度改革，鼓励教师把人才培养与科学研究结合起来。

（三）完善产学研合作机制，充分利用产学研合作资源

产学研合作最大的问题是合作机制问题，或者说，产学研合作能否取得成效，取决于通过合作能否满足各合作主体的利益诉求。虽然产学研合作主体各自的目的和价值取向不尽相同，但都希望通过科研或科技创新活动实现自身的目标，而科研活动或科技创新活动恰恰又是培养创新人才所必需的环境。就人才培养而言，关键是要找出产学研合作各方的最佳利益契合点。

一是大学要根据自身的培养目标，着重选择一些具有较高科研实力和创新能力的大企业开展合作，因为创新人才培养需要有高水平、高起点的科学研究或创新实践平台作为支撑，同时这些企业本身就有比较强烈的科技创新和人才需求，有兴趣、有能力与大学合作进行创新人才培养。二是大学与企业或研究机构合作开发优质教育资源。第一，要选聘既具有较深理论学术功底，又有很强解决实际问题能力的企业专家担任学生指导老师，引导学生用理论知识解决企业技术攻关难题；第二，与企业或研究机构合作开发课程资源，因为创新人才的培养对教学内容及其学术水平提出了较高的要求，大学要紧密与企业或科研机构合作，将生产实践与技术开发以及科学研究的新成果转化为教学内容；第三，产学研合作培养人才并不是把培养人才的责任转嫁给大学或研究机构，而是大学在积极参与企业的科技创新、解决关键技术难题以及与研究机构合作进行科学研究的过程中培养人才，这就必须明确合作各方的权利与义务，真正把培养人才落到实处。

第三节　高校人才培养模式改革与教学资源整合

随着我国高等教育大众化背景下质量问题的凸显以及人才培养社会适应性意识的提升，目前人们对人才培养模式改革已经有高度共识，但对大学教学资源整合理论与实践的系统化研究成果还比较欠缺。从人才培养模式改革的视角出发，本着合理、有

效、充分地利用大学教学资源，提高办学质量和效益的指导思想，探究大学教学资源配置存在的问题，建立适应我国人才培养模式改革的教学资源优化整合机制，对于推进高校教学改革、提高教学质量具有十分重要的现实意义。

一、大学人才培养模式改革与教学资源整合的相关性

大学教学资源按类型划分一般包括人力资源、课程资源、设施与环境资源、实践资源以及制度资源；按存在状态划分，可分为直接应用于教学过程的资源与通过整合才能应用于教学过程的潜在教学资源。大学教学资源的整合是指大学将其有限的人力、物力、财力等资源进行调整优化和重组。具体来说，以人才培养为核心，采取一系列的方法和手段，对各种潜在的可能的教学资源进行开发，对现有的教学资源进行结构性配置和重组，以达成提升人才培养质量的目标。人才培养模式指人才应具备的知识、能力、素质结构以及实现这种结构的方式。狭义理解人才培养模式，是人才培养的过程、方式；广义理解人才培养模式，是在一定的教育理念指导下，以一定的教学资源为基础，关于培养目标、教育制度、培养内容、培养方式、教育过程等诸要素之间的组合方式及其运行机制，它具有相对稳定性、规范性和可操作性的特征。

如今，我国大学本科教学改革按照"厚基础、宽口径、重个性、强能力、高素质、求创新"的原则，以提高教学质量为中心，培养具有较强适应能力的复合型人才。这种类型人才的主要特征是基础扎实，知识面广，知识运用能力强，具有较强的独立思考和分析问题、解决问题的能力，素质全面，具有科学创新精神。在这种教育理念引导下，大学人才培养模式改革涉及教育教学理念、学科专业调整、课程与教学内容改革、实践环节、培养方式改革、教学资源整合、教学运行和管理机制创新、教学组织形式等方面。

大学教学改革的根本目的是提高人才培养质量，而人才培养质量的提高在很大程度上取决于学校的办学水平、教学质量、人才培养模式、教学资源的优化配置和教学改革的深化。其中，人才培养模式改革是大学教学改革的核心。由于我国传统的教学管理体制的影响，教学资源配置效率偏低以及难以实现优化整合是制约人才培养模式改革难以深入的根本原因。

第一，通过院校合并以及高等教育体制改革，我国绝大多数大学已经发展成为多科性或综合性大学，特别是通过"双一流"建设，学科建设与科学研究取得了突出成就，但与此同时本科教育质量并没有得到相应的提升，或者没有达到与学科建设相应的质量要求，特别是教学方式、教学资源配置模式没有发生本质上的变化，现行的各种教

学管理改革措施只是应付规模扩张不得已而为之的策略，并没有从根本上改变业已形成的人才培养模式，这也就很难实现学生的知识结构综合、专业综合、课程综合及提高学生实践能力和创新精神等教学改革的预期目标。可以说，大学教学资源的配置方式与存在状态已成为制约人才培养模式改革的"瓶颈"。那么，如何走出人才培养模式改革的困局，构建有效的人才培养模式呢？从现行的教学改革实践及其制约因素来看，大学教学资源的优化整合无疑是推动人才培养模式改革及其实践的"突破口"。

第二，基于对本科教育质量问题的关注与反思，现阶段，如何提升本科教学质量已经成为政府与社会各界共同关注的焦点。当然，现行教学质量问题固然与"重科研、轻教学"的价值取向密切相关，同时与人才培养模式改革滞后和教学资源配置方式不合理有关。比如在人才培养过程中，选修课与必修课截然分开，主修专业与辅修专业界限分明，不同院系之间的资源缺乏共享，本科生与研究生课程隔离，短学期与长学期的课程截然分开，学科建设、科研成果并没有转化为本科教学资源，这些都是导致我国大学人才培养质量不高的主要原因。当前，我国的人才培养模式还局限于专业教育的框架内，既浪费了相对紧张的教学资源，也不利于不同类型学生的个性发展。

第三，大学教学资源的优化整合是建立新的办学理念和教学管理制度的过程，也是大学办学理念和教学管理制度重新选择的过程。教学资源整合是人才培养模式改革、提高教学质量的基础，因为其他方面的教学改革都是围绕教学资源的优化配置展开的。人才培养模式改革是重新配置教学资源的过程，没有教学资源的整合与有效利用，人才培养模式就不可能发生根本性的变化。教学资源整合与有效利用是评价本科教学质量的主要标准，充分而良好的教学资源配置状态是提高教学质量的必要条件。大学教学资源配置的优劣是看教学资源配置能否最大限度地满足教学过程并提高教学质量的需要。事实上，为提高既有教学资源的使用效益，在我国大学内部已经开始尝试进行了一系列的组织结构调整，包括院校间组织结构调整和学校内部改革等，但如何进一步通过教学资源整合，促进人才培养模式改革，仍然是今后我国大学教学改革的重要课题。

二、人才培养模式改革视角下教学资源配置的缺陷

大学教学改革的根本目的在于构建有利于培养适应社会发展需要人才的培养模式。目前，大学人才培养存在的突出问题是与社会需求脱节，主要表现为专业结构不合理、专业口径狭窄、适应能力差、实际动手能力和创新能力差等。

　　第一，资源配置结构失衡，效率低下。在我国大学人才培养以及教学改革过程中，教学资源浪费与配置不合理现象普遍存在。从一般意义上来讲，在资源总量一定的情况下，合理的配置结构可以提高资源的利用效率；反之，不合理的配置结构可以降低资源的利用效率。资源配置效率可以用不同的资源配置方式之下产出量的多少和资源闲置数量的多少加以衡量。资源配置的效率高，意味着人尽其才，物尽其用，闲置和滥用的资源较少，资源尽可能被充分利用。在资源总量相同的条件下，资源配置的结构将会影响资源配置的效益。在高校扩招的背景下，高校教师在学历结构、职称结构、年龄结构等方面的配置都不尽合理，主要表现为师资普遍缺乏，专任教师比重小，专家教师资源短缺，而行政冗员大量存在；对教师的激励缺乏动力、灵活性以及公平性。

　　第二，课程设置结构性失调。当前，无论是人才培养还是科学研究，学科间各自为政，不利于学科力量的整合及交叉学科的生成。课程体系构建中很少考虑内部的相互衔接和关联，通识课程、专业课程、选修课程相互割裂。在课程实践中，依然存在着重专业、轻基础，重理论、轻实践，重必修、轻选修的现象。学科间的交叉、融合只是停留在表面，课程结构缺乏有机联系，必然影响到我国研究型大学人才培养的知识结构、能力结构和素质结构。选修课大多集中在专业课范围内，跨学科、跨院系、跨年级的选修课程极少；受课程选择范围的限制，选修课修读质量不高，也无法充分满足学生多样化的学习需求。通识教育课程与专业教育课程之间相互割裂，无法实现课程既有的整体功能。在我国研究型大学中，通识教育课程大多自成体系，课程目标模糊，课程管理混乱。通识教育课程的设置成为众多教师和学校不得不实施的行为，或者只是作为任务来完成，而不是作为目标来实现。通识教育课程处于学校课程体系的"边缘"，无法与专业教育课程之间形成一种相互衔接、互为促进的关系。

　　第三，学科建设、科学研究资源与本科教学的脱离。大学教学资源配置集中度不够，没有重点。高校科研力量分散，科研没有大项目，学科无法形成大平台；科研工作缺乏长期性、持续发展的重大科技目标；科研整合程度不高，难以实现科技资源和成果共享；现有科技创新平台的综合性、交叉性、集成性以及国际化程度普遍较低；交叉学科、新兴学科得不到强有力的投入和支持；科学研究、学科发展缺乏核心竞争能力。实践中，科研资源分化配置状态使科研成果不能有效转化为可利用的教学资源等。这些问题在一定程度上阻碍了高校的学科建设，影响了学校的教学和科研水平，制约了高校创新能力提升的步伐，也不符合高等教育为建设创新型国家服务的时代要求。

第四，院系、专业之间资源割据与条块分割。高校的专业开办与办学资源（包括师资、生源、设备以及无形的政治、文化资源等）是由教育行政部门通过计划性分配的方式来"保障供给"的，这就形成了一种由政府主导的"供给驱动"的专业设置制度。院校资源为一个个专业所分割，教学资源仅为确定的几组课程服务，资源在一校内乃至几所高校内的共享困难。由于学科专业的割据状态，各系培养的人才知识面不够宽厚，知识单一，学理的不懂工程，学工的理论不深。由于校内、校际资源流动体制平台尚未建立，资源院系、院校所有制，导致校内外教学资源缺乏有效融合。加之共同学习目标和明确期望的缺失，学位通常只标志着一系列互不关联知识碎片的获得，而非连贯、整合学习计划的完满完成。

三、人才培养模式改革视角下教学资源优化整合策略

（一）开发利用现有资源

大学教学资源整合必须立足于培养创新型人才，优化教学资源整体配置结构，打破本科生教育与研究生教育的界限，做到教学与科研结合、科研为教学服务、科研引领教学，培养实践能力强的创新型人才，实行仪器设备的开放式服务。这就要求我们必须打破专业和学科的局限，实现仪器设备资源共享；不断扩大综合性、设计性实验的比例；打破管理体制障碍，健全实验课教学及实验室统一管理的体制；实行实验室配置的模块化，实现仪器设备资源的共享与综合利用；为综合性、设计性实验的开设创造条件，为品牌、特色专业建设提供强有力的实验支撑；坚持服务、超前、优化和效益四个基本原则，改变因各子系统的分割而造成的教学资源浪费的情况；重视资源的开发利用，改造闲置的场所；对现有的教学仪器设备进行技术改造，扩大使用范围和功能，最大限度发挥设备设施的资源潜力；对扩招引起的校舍紧张问题进行科学的研究论证，以最小的代价换取最大化的办学效益；校际联合办学，使资源得到有效的利用；利用区域联合办学的资源，扩大辅修和双学位模式学生的办学规模，涵盖更多种类的一级学科和二级学科，为学生提供更多的选择机会，有利于紧缺教学资源的高效利用；高校与大中型企业（公司）和科研院所"联姻"，充分利用社会资源，使校内资源与校外资源形成良性互补效应；充分发挥人力资源优势，建立稳定的校外实践教学基地，鼓励专业教师自行开发教学设备，以满足不同课程和不同项目的需要，将最新的科研成果转化为教学资源，实现教研相长。

（二）调整学科专业结构

学科专业结构是高等教育人才培养与经济发展的耦合点，是高校最核心的组织建制。对学科专业结构调整的关注是高等教育体制改革进一步深化的体现。遵循"充实

基础，增强应变能力，拓宽专业口径，淡化专业界限"的原则，重视高校学科专业结构同经济建设的产业结构和就业结构相适应，真正做到适销对路，避免宝贵的教学资源的浪费，防止短缺与剩余并存的现象发生，避免人才的积压和浪费。要拓宽学生的知识面，增强学生的社会适应能力、多角度观察和解决问题的能力。大学必须拆除跨学科教育的壁垒，进行学科专业的重组，合并相近专业，创建交叉性、边缘性专业，优化学科结构，发挥多学科交叉渗透的优势，促进学科的建设与发展，体现优势学科知识的互补和融合、强势学科的发展对弱势学科建设的带动，实现大学学科发展的生态均衡。同时，不同专业学科的教师有更多的机会进行知识融合和学术交流。

（三）推进以学分制为中心的教学管理制度改革

以学分制改革为突破口，全面深化教学改革。学分制赋予学生自主选择专业、自主选择任课教师、自主选择修业年限、自主确定学习进程的权利，为学生的个性化发展创造了条件。通过推行弹性学制、学业导师制、主副修制、学分计量等突破传统的课堂式教学模式，建立专业和专业交叉、理论和实践教学贯通、课内与课外学习交融、校内与校外培养相结合、科研与教学互动、"走出去"和"请进来"同步、国内合作与国际合作共进的人才培养体系。构建课程群，实现知识的贯穿与融合，形成"理论教学、综合实验课程设计"相互补充、相互依存的知识体系；通过强化实验教学的方法，构造学生培养的"知识传递—能力培养—能力运用—知识升华"完整链条；增加综合性、设计性实验项目，真正实现"素质教育""创新教育"的有效结合，构建有利于培养学生实践能力和创新能力的实践教学体系，实现"教学体系科学化、教学内容综合化、实践形式多样化、硬件平台通用化、应用软件个性化、运行环境仿真化、教学资源共享化"的建设目标。

（四）建立大学教学资源利用的生态型循环模式

大学教学资源可视为一个生态系统，根据生态系统理论和循环经济理论组合大学教学资源各要素，使人、财、物、信息等资源形成一个资源生态系统，资源利用由传统的线性（开放）系统向循环（封闭）系统转变，实现资源的循环利用。实践中，要将财力、物力、人力、信息等资源纳入区域性、国际性的整体循环运动中，使整个学校教学资源各要素形成一个封闭型的生态系统，每一要素都可以影响到整体环境的运行，整体环境对各要素的状态也可做出及时准确的反馈。整合大学教学资源的目的是优化教学资源配置布局，提高教学资源利用效益，力求用尽可能少的投入培养出尽可能多的符合社会需要的"产品"。改革实践中的关键问题是要正确定位教学改革的目标，建立多元化的人才培养模式；以提高教学质量和满足学生的自主发展为主旨，遵循人才培养和高等教育规律，避免教学改革的盲目性与形式化。

第四节　高等学校创新人才培养的方法与途径

一、创办培养创新人才的学校

（一）建立现代大学制度

随着高等教育事业的快速发展和不断深化，一些深层次的矛盾和问题日益显露出来。一方面，高等学校作为教育和办学主体没有真正从重重束缚下彻底解放出来，制约了教育质量、学术水平和办学效益的提高。制度创新是解决这些深层次问题的根本所在。另一方面，政府对教育的投入主要用于基础教育和一流大学的建设，然而，对大部分高校而言，教育经费短缺。说到建设一流大学，培养创新人才，很多人认为我们的主要问题是缺少资金。学之大，在于兼容并蓄，思想自由；大学之大，不在大楼，而在大师。在著名的大学里，人才辈出，大师云集，主要是一种制度文明的产物，而不是急功近利的政策能够迅速催生出来的。

实施高等教育的重要机构是现代大学，其本质应是传播、应用、融合和创新高深学问的高等学府。它兼备着培养人和发展科学技术以及直接为社会服务的作用。这就决定了作为一个文化、学术单位的现代高等学校有三个显著的特点：①提倡学术自由；②实行教学与科学研究相结合；③坚持面向社会自主办学，这是现代高等教育的一般规律。在市场经济体制下，它又是一种特殊的产业。这种特殊产业兼有"公益性"和"功利性"的双重性质，从总体上来说不能完全实行产业化。现代大学又是国家发展科研事业的重要方面，它的综合实力是一个国家教育、科技水平的重要标志，也是一个国家综合国力的重要体现。现代大学综合实力的内涵主要有三个方面：一是办学观念，这是办好一所现代大学的精神力量；二是建设水平，主要包括一批高水平的学科，一支高素质的教师队伍，一个智力含量高的图书馆、实验室、校园网以及一种良好宽松的文化、学术氛围，这是办好一所现代大学的物质基础；三是办学效果，主要包括教育质量、学术成果和直接为社会服务的贡献以及它的投入产出效益，这是它所创造的外在价值。建立现代大学制度的根本目的就是要解放大学的生产力，发展和提高它的综合实力，其关键是转换机制，使现代大学成为面向社会自主办学的法人实体和竞争主体。

随着我国高等教育改革的不断深化，建立"现代大学制度"迫在眉睫。现代大学作为理论研究的对象是一个有待深入研究的重大课题。有的学者认为，建立现代大学制度应包括的主要内容有形成独立自主依法办学的运行机制、畅通有效的师资流动机制、科学的大学评估机制、多方投入教育的机制以及大学领导的专业化和动态轮岗制度等。而独立自主依法办学的运行机制应包括招生权、用人权、经费使用权、国际交流权等，这些权益虽然教育法已有规定，但真正落实还需要一种机制来保证。有的学者认为，建立现代大学制度，主要涉及学校与政府的关系、学校内部治理结构、学校与社会的关系等方面的制度安排。《中华人民共和国高等教育法》规定："国家依法保障高等学校中的科学研究、文学艺术创作和其他文化活动的自由。""高等学校应当面向社会，依法自主办学，实行民主管理。"这些规定为我国建立现代大学制度提供了基本的理论依据。

现代大学制度的核心是在政府的宏观调控下，面向社会，依法自主办学，实行民主管理。学术自由、办学自主、面向社会、民主管理应成为现代大学制度的基本标志。建立现代大学制度是一项系统工程，作为现代大学，在办学理念、教育教学改革、人才培养、学术管理、科学研究、文明服务社会等方面需要不断进行观念和制度创新。要全面推进现代大学制度建设，解放大学生产力，使现代大学在政府的宏观调控下真正面向社会，依法自主办学，实行民主管理成为独立自主的法人实体和竞争主体，为高等教育更好地服务科技创新和社会经济发展提供有效的制度保证。充分发挥高等学校人才培养、科学研究、服务社会的三大功能，使高等学校成为国家创新体系的主力军，成为经济社会发展的推进器，同时为高等教育事业赢得更多的发展机遇和更广阔的发展空间。

（二）教育模式与方法的创新

教育模式要由应试教育、满堂灌教育转向素质教育、创造性教育。除了系统化教育，应强化学科前沿教育。确立教师主导、学生主体的教育理念，在讲授为主的前提下，提倡自学、讨论、演讲、案例、实践等多种教学形式，鼓励高年级学生参与教师科研课题并能自主立项进行科技发明活动，激活学生的创新思维，加强逻辑思维与非逻辑思维的训练，侧重于非智力因素的培养。启发学生的问题意识，敢于向现存的一切提出疑难，发起挑战。从司空见惯的万事万物中，不断发问、追问、拷问，找到破绽，发现逻辑悖论，寻找创新的突破点。教师重在启发和激励教育，维护学生自主、独立、自由思考的思想尊严，不是给予学生先入为主的东西和现成的答案，而是给予学生去探索未知世界的钥匙。反对人云亦云、随波逐流、盲目崇拜，破除因循守旧、墨守成规、不求进取的思想，以"不怀疑不能见真理"的气概，大胆尝试错误，敢于冒风险，以敢闯、敢冒、敢试的精神，去开辟前无古人的新路。

创新教育重在方法，研讨式、启发式、参与式、案例式、实践式方法有利于激发学生主动学习，主体精神昂扬，思想活跃，兴趣浓厚，容易诱发新思想、新设想、新观点的产生。因而，在某种意义上，方法比理论更重要。"授人以鱼，可解一日之饥；授人以渔，是食终身之益。"培养创新型人才，既要着重教育方法创新，也要重在学生方法的掌握。这样他们在未来科学探索的征途中，就能选择正确路径，取得事半功倍的成就。方法得当，左右逢源，富有效果，屡建奇功。

（三）因材施教，注重个性培养

个性的丰富多彩和充分发展是社会进步的一个重要标准。大凡有创新能力、做出了创新业绩的人，都有鲜明的个性特征，个性得以充分张扬。高等教育要善于发现每个学生的个性，根据个性心理特征，采取不同的教育方法，积极引导个性的健康发展，使饱满的个性成为推动创新的加速器。大千世界，个性千姿万态，有的沉默寡言，性格内向；有的活泼好动，性格外向；有的沉稳多谋，儒雅含蓄；有的标新立异，喜好挑战。只有因材施教，不同的个性用不同的方法去培养，才能激发创造潜力，使个性得到充分自由的发展。

（四）教学与科研结合，发展创造力

学生除了学习和传承前人的知识文化，打下良好的基础，还应敢于突破和超越前人，善于提出问题，理性分析问题，创造性地解决问题，提高科学研究的能力。通过科研活动，发展学生的创造力，是一条重要途径。对于高年级学生，应有意识地培养科研能力，参与教师的科研课题，或自主申报不同级别的课题，开展大学生科技创新活动等，了解科研选题，掌握科研方法，培养创新精神。关注科技创新应具有的人文意义，自觉把人文关怀内化于创新主体的精神世界，给予创新主体的每一个人思想、精神、意志、情感更丰富、更饱满、更生动、更自由、更充分、更全面、更和谐的发展。坚持科技创新造福人类的正确方向，努力消解各种异化现象，促进社会进步与和谐发展。

（五）创造有利于创新人才成长的校园环境

环境和氛围是一所学校办学理念和教育模式的体现，宽松、民主、自由、开放和进取的环境和氛围是创新人才成长的摇篮。在新的形势下，德育应当在有利于创新人才成长的环境建设上有所作为。

1.进行校园环境建设，形成有利于创新的物质和精神环境

首先，努力完善学校物质环境的建设，改善教学条件，配备现代化教学设施，使教学活动多样化，使德育对象对德育内容更有效地吸收。其次，在精神环境上，一方面，要切实加强校园文化建设，活跃学术氛围，提高学校的文化品位，引导学生充分利用第二课堂，开展丰富多彩的校园文化活动，营造浓郁的创新氛围；另一方面，要切实加强创新型学生集体的建设，这是培养和发展学生创造力的有效途径，个人的发展离不开集体的作用，21世纪的人才要善于与他人合作。个体之间的相互合作会产生一种"社会助力效应"，从而产生"整体大于部分之和"的效果。近年来，许多获得诺贝尔奖的多是两人合作或多人合作的结果，这也说明合作在创造力形成过程中的重要作用。因此，德育要充分重视创新型学生集体的建设，使每一个学生具有健康向上的成长动机和友好的人际关系，形成集体内部团结合作、友善竞争的良好的心理氛围，从而最大限度地激发学生的创新思维，发展他们的创造力。

2.德育管理的转型

为适应创新培养的需要，要求我们的德育管理模式随之转型，即由科学管理模式向人文管理模式转变。这一转变要求德育管理体现以下特点。

（1）创造性

它要求我们摒弃僵化、保守的管理手段，制定富有创新意识的相关制度，积极创造健康有序、宽松和谐、开放高效、激励上进、鼓励创新的管理机制。同时，它还要求德育工作者自身极富创造性，拥有适应时代的各种能力，如自我学习、发展的能力、开拓创新的能力，应变能力，科学的预见能力等。创造有利于学生创新的环境，促使全体学生相互学习、交流、激励，形成创造性的学生群体。

（2）民主性

它要求在德育的管理实践中融合"以人为本"的思想，遵循民主、开放的原则，体现激励、创新的精神，实施民主式、合作式管理。民主管理就是要调动师生的积极性和创造性，发动和组织他们参与德育管理，为他们提供发挥智慧、才能和特长的机会和条件。它要求对教师应充分信任，不能管得过多、太死板，给他们更多的自主权并创造条件满足教师自我实现的愿望；对学生实行差异管理，允许学生有差异，鼓励学生发展自己的特长和爱好，给有特长的学生尤其是"偏才""怪才"创造宽松的教育环境，促进他们创新能力的发展。

（3）营造鼓励冒尖、宽容失败的良好氛围

创新人才从事的都是前无古人的具有开拓、探索性质的工作，不可能事事成功，在创新的路上，总会伴有无数次的失败。因此，要使创新人才辈出，就必须大力营造鼓励冒尖、敢为人先、敢于创新和竞争、宽容失败的环境和氛围。

（4）自由的环境

自由的环境主要体现在学术探讨和学术争鸣上。在这种环境中，教师和学生几乎不受外界的影响，可以自由教学、自由学习、自由研究、自由讨论。学生的创新思维、创新精神、创新能力需要在这种自由的学术氛围中逐渐形成。思想自由是创新知识的前提，但思想需要在与他人（包括创造已有知识的前人）的交流与相互的批判之中才能形成，有了这个基础，才能产生新的思想，才能创造新的知识。当然，这种自由是权利与责任的统一，并不意味着不受任何规范的约束。教师的教学创新、学生的创新活动均应服从科学真理的标准，任何教师和学生都享有自由的权利，但同时要负相应的责任。

众所周知，创新人才的成长有赖于长期地、综合地陶冶和熏染，而开放、民主、自由的环境是创新精神和创新能力不可或缺的沃土。

二、教师促进创新人才培养

（一）创新型教师的界定

何谓创新型教师？目前，理论界对创新型教师尚无明确界定。无疑，创新型教师拥有一般意义上创新型人才的所有思维特点；同时，作为发挥人的潜能、培育人的创新能力使命的承担者，创新型教师应该有更丰富的内涵。创新型教师是指具有敬业奉献精神和良好的心理素质，具有比较完善的知识结构，具有强烈的创新意识和鲜明的创新思维能力，既善于与人合作，又具有独立个性，能创造性地开展教学、科研活动，善于培养和激发学生创新能力的教师。创新型教师应成为高校教师队伍的主干力量。

（二）创新型教师的劳动特点、角色责任

在培养创造型人才的教育教学过程中，教师始终扮演着主导角色，这是由教育的本质特性所决定的。

1. 教育的本质

教育是培养人的活动，教育的本质目标是把人培养成一个具有美好人性的人，一个对自己本质真正占有的人。教育的任务是毫不例外地使所有人的创造才能和创造潜力都能结出丰硕的果实，这一目标比其他所有的目标都重要。

（1）教育就是发挥人的潜能

从人的个体生命来说，人是一种实然的存在，这种存在不同于动物之处在于：人具有一定结构的高于动物的潜能。世上有"狼孩"之说，但狼与人共生，狼是不会成为"人狼"的。创造性、自发性、个性、真诚、关心别人、爱的能力、向往真理等都是胚胎形式的潜能，属于人类全体成员的，这就为现代教育学强调教育对象的能动性、主动性、个性化和创造性找到一种可能性或一种萌芽。但是，这些潜能仅仅是人体内一种类似本能的微弱冲动、一种可能性或者萌芽，要使可能性转化为现实性，要使萌芽不会夭折，就要兴教育，人在教育中通过教师的艰辛劳动不断引导、发展、完善和巩固它们。一方面要有完备的学校，学校是经过精心设计的最适宜人的潜能发展、完善的环境，有了学校，潜能发挥就有了场所；另一方面要有创新型教师，作为智者的创新型教师会明察秋毫，因材施教，使每个人的潜能得到淋漓尽致的发挥。还有课程，其是在人类整体的历史经验的基础上仔细挑选的，是人类普遍的共同文化精神与经验。有了课程，潜能的发展就有了土壤，有了养料。育人不是铸造人、塑造人，铸造、塑造的对象是物，物的成型是依塑造者的主观意志而定的；而人的发展是"塑造者"在"被塑造者"的潜能基础上引导发展、完善这些潜能，所以说教育就是发挥人的潜能。

（2）教育就是发现人的价值

任何人生在世界上都是有一定的价值的。人本主义者从人的个体生命出发，认为人的终极价值是自我实现；马克思主义者从人的社会生命出发，认为人类的最高境界是共产主义，在这里人类由必然王国进入了自由王国，人是自己与世界的主宰者。前者重视人的内在价值，后者肯定人的内在价值的同时，强调人的外在价值。二者并不矛盾，而是有机统一的，内在价值是外在价值的基础，外在价值是内在价值的表现。

教育使人类获得知识，这样人类才能睁开被蒙住的双眼。教育引导人们创造性地、能动地超越种种给定性，逐步从实然走向应然，从而坚持人的主体地位，发挥其主体作用。只有这样人才能逐步发现自己应有的内在和外在价值。所以说，教育就是引导人们发现个人的价值和人类的价值。

（3）教育使个体社会化

一个自然人来到世上便具有了成为人的一切可能性，但这种可能性向什么方向发展，成为什么样的现实，是由后天决定的，这就需要借助教育。教育是教育者有计划地根据社会的需求对受教育者身心施加一定的影响，使其符合教育者的意图。因此，社会的需求是人的发展方向，施加的影响就是文化的传递、内化、融合和创新。对学校而言，它不但是一种学识、一种智慧、一种氛围，更是一种人格、一种精神。

（4）教育引导完备人性的建构与发展

教育本质属性主要表现为：它要使受教育者能够在已有的各种现实规定性中奋起，去追求新的自我、新的世界；使一切文化知识、道德规范等的接纳，在他们身上产生生成性的变化，转化为创造性的潜力；使受教育者能以一种批判的向度去面对、掌握、审视现实生活。所以，教育既要使人是其所是，又要使人是其所应是。

2. 教师的劳动特点

（1）劳动对象的主动性

教师的劳动对象是具有主动性的人，在教育劳动中不仅有教师的能动因素的介入，还有学生的能动因素的介入。教育的过程如果不与学生的主观能动因素发生任何联系，过程就无从实现。教师劳动对象的主动性还表现在其自身活动过程是不断变化的，并且不断反作用于劳动者。这就要求教师在劳动过程中，时时顾及这些因素，创造性地做出动态调节，简单照搬前人的范式或套用自己过去的经验都会影响效果。

（2）劳动手段的主体性

教师运用一定的教育手段，把自己的活动传导给劳动对象，教师的劳动手段带有很大的主体性。其他劳动者操纵某种工具，但劳动者主体的智能水平并不一定要达到劳动工具所物化了的智能水平。而教师对教材等的使用却不然。教师必须把凝结在教材中的知识、智能乃至情感、世界观等，完全转化为其主体的知识、智能、情感、世界观，还要求超出他们的范围和水平。教师的创新能力，教师的人格、言行等主体性的东西也是教师的劳动手段。这种劳动手段的主体性决定了教师必须十分重视自身的发展。教师劳动的效果首先取决于教师本身的发展水平，包括他的学识和创造力，还取决于他的世界观、道德面貌、意志、情感等方面的素养。

（3）劳动成果的间接性

高校教师教育的成果是产生掌握一定文化科学知识、形成一定思想品德和能力的高级专门人才。这是一种特殊的"产品"。这种特殊"产品"不是高校教师独家劳动的结果，它是在中小学教师辛勤劳动的基础上继续劳动的结晶。同时，它不是以物化的形式表现出来，而是以潜能的方式存在于学生身上。如果说在改造一般自然物的生产中，随着劳动产品的获得，劳动者对产品的影响也就结束了，而"人才产品"在劳动者的劳动过程结束之后，劳动者对劳动对象的影响还继续存在。教育者对学生的这种影响通常伴随他们一生，还会通过他们去影响其子女和社会的其他人，最终为社会创造出的物质财富和精神财富是难以用数量来计算的。

3.教师的角色责任

正像赫尔巴特所表达的那样，人的自然本性就像一艘大船，若要经得起一切风浪的变化，只能等待舵手去按照环境指导它的航程，指挥它到达目的地。对于学生来说，教师起到了这种舵手的作用。赫尔巴特认为，学生的心智成长很大程度上取决于教师对教学形式、阶段和方法的刻意追求和指导。教育的本质和教师劳动的特点决定了高校教师的角色责任是学生知识的传播者、方法的传授者、能力的培养者、视野的开拓者、人格的示范者、行为的导创者。

（三）创新型教师的基本素质

1.人的素质构成的多维性、复杂性

素质只是人的心理（感觉、知觉、记忆、思想、情感、性格、能力等）发展的生理条件，不能决定人的心理内容和发展水平。人的心理来源于社会实践，素质也是在社会实践中逐渐发育和成熟起来的，某些素质上的缺陷可以通过实践和学习获得不同程度的补偿。

素质是在先天与后天的共同作用下形成的人的身心发展的总体水平，它是人的内在素养和品质。可见，素质的最大特点是它的内在性。也就是说，它是里而非表，是质而非量，是本而非末。素质虽然是内在的，但还是可以通过外在的形式表现出来，如行为方式（包括行为规范、习惯，对人、对事的态度）、思维品质（包括思维的模型、方式、深度以及敏捷性和创造性）和精神境界（包括对自我超越程度、处理各种关系时在理论和实践上所站的高度等）。

2.创新型教师应具备的基本素质

第一，要具有爱岗敬业的精神：以提高民族素质、培养创新人才为己任。

第二，具有现代化的教育理念：建立科学的教育观、人才观，熟练掌握启发式的教学方法，善于使用现代化教学手段。

第三，掌握现代化的知识技能结构：新经济时代，信息资源高度发达，人们的智力活动空间高度扩张，社会对个人知识和技能的新颖性、效率性、社会性等方面的要求空前提高，掌握现代化的知识与技能，站在学术、技术前沿，才能有所发明，有所创造，才能开拓学生的视野，为学生指明前进的方向。

第四，具有强烈的创新意识：在教学、科研实践中，涌动着强烈的创新欲望和激情。能够打破传统的思维定式，突破传统观念，善于发现问题、研究问题和解决问题。善于打破常规，敢于对前人的知识经验提出质疑，具有敏锐的洞察力和丰富的想象力，思想具有超前性。

第五，具有较强的创新能力：包括具有创新思维品质，具有较强的应变能力和适应能力。时刻准备和乐于接受自己未经历过的新的生活经验、思想观念和行为方式，乐于接受生活的变革，善于尊重各方面的不同意见，理解和容忍观念与行为的差异和多样性，以积极的心态去适应、接受环境的变化并顺应时代潮流的方向，勇敢地投身于对环境的改造中去。

第六，具有较强的意志品质和挫折承受力：坚忍的意志品质是战胜挫折、最终走向成功的必要前提，教育工作充满挑战但又要求默默耕耘，要耐得住寂寞，勇于面对平凡和挑战，保持自信、热情、进取的积极心态，正确对待挫折和失败，始终保持旺盛的斗志和不屈不挠的精神。

第七，具有追求真理的科学精神：包括探索求知的理性精神、实验验证的求实精神、批判创新的进取精神，敢于怀疑、勇于批判，敢闯、敢试、敢冒风险，坚持真理和科学。

第八，具有与人合作的精神：竞争与合作已经日益突破国家和地区的界限而出现不可逆转的全球化的趋势，人们相互依赖的程度进一步加深，任何个人的进步与成功都离不开合作，缺乏自主创造力和利他倾向的人难以被对方选作合作伙伴。创新人才必须具有良好的合作精神、真诚的工作态度和处理人际关系的能力，学会与人合作，并不断向前人学习，向他人学习。在合作中养成宽厚、善良的性格，树立利他志向，培养无私奉献的精神，增添自身的人格魅力。

"心灵要靠心灵来培植，智慧要靠智慧来浇灌。"教师的素质是培养学生最有效的工具和手段。如果高校教师具备了上述基本素质，创新人才的大量涌现指日可待。

（四）创新型教师素质的基本内核：敬业精神、创新意识和创新能力

教师的劳动特点决定其必须具有敬业精神。所以，过去人们喜欢将优秀教师比作"春蚕""蜡烛"。创新型教师同样需要敬业精神，然而，仅有敬业精神是远远不够的，创新型教师还必须具有强烈的创新意识和较强的创新能力。要有推崇创新、追求创新、以创新为荣的观念和意识，要有强烈的除旧布新的心理欲求，以及昂扬激越、追求完美、攀越巅峰、达到最佳境界的意识状态。只有在强烈的创新精神引导下，人们才可能产生强烈的创新动机，树立创新目标，充分发挥创新潜能，释放创新激情，进行创新活动。世界的变化正以加速度进行，没有创新意识和创新能力，自己就会被淘汰出局，更不必奢谈培养学生的创新能力。只有强烈的创新意识和愿望，缺乏创新的能力素养，创新目标也难以实现；拥有创新的知识结构和能力素养，却又缺乏长期不懈地通过教育创新实践培养学生创新能力的热情和愿望，缺乏教育创新意识，缺乏敬业精神，高素质创新型人才培养就会成为一句空话。因此，敬业精神、创新意识和创新能力是创新型教师素质的最基本内核，缺一不可。

三、打造培养创新型人才的课堂

（一）以创新型人才培养为目标的高校课堂教学

1. 创新型人才的素质特征

纵观古今中外对创新型人才的定义与研究，虽不尽相同，但从总体上看，创新型人才应具备以下几个方面的素质特征。

（1）高尚、积极、自觉的心理素质

①高尚的品德

高尚的品德包括高度的社会责任感和使命感、崇高的职业道德和社会公德等。德是个体对社会、对他人责任心的一种表现，是从事任何工作的基础，是一个人健康成长的必要条件。创新型人才只有具备高尚的品德，认识到自己是社会集体的一分子，才能在社会发展中承担一份责任，才能用"才"切实为人类谋福利。

②积极的人生价值取向

人生价值取向作为一种心理倾向，对人类活动具有不可忽视的导向作用。创新型人才只有树立积极的创新意识，将创新作为人生价值观的重要组成部分，才能将创新活动与国家、社会和人类的利益相结合，并将它作为自己的人生追求。

③创新意识

意识作为一种自觉性的心理思维，对人的心理活动具有调节、控制、指导的作用。创新意识是一种稳定的积极的心理倾向，极大地影响着个体创新能力的形成与培养。换言之，创新意识就是创新精神，它是创新的核心要素，是创新的灵魂，具备创新精神的个体对世界充满好奇，有强烈的探索欲望，勤于思考，善于发现问题和提出问题，"不唯上，不唯书，只唯实"。

（2）博专结合的知识储备

①广博的基础知识

合理的知识体系是创新活动的内在源泉。创新活动以知识为基础，它是在接受和学习前人知识经验的基础上完成的。知识在创造力中充当重要角色，因为我们不可能对一无所知的事物产生新异观念。创新不能离开知识凭空进行，丰富的知识是创新能力的源泉，也为新异观念的产生和评价提供了基础。因此，广博的基础知识是创新型人才的首要素质。

②深厚的专业知识

深厚的专业知识是创造者在相关领域培养求异思维、开拓新领域的基础，是发展创新精神和创新能力的不竭动力，为创新活动提供了良好的工作平台。它要求既掌握相关专业的知识与技能，还要积极关注学科前沿及其发展动向，及时把握学科发展最新成果。只有全面构建坚实的专业知识，才能敏锐地产生独特、新颖的思维，培养自身创新能力。但知识不等于创新，知识与创新不成线性关系，只有不断激活已有知识，对个体知识点进行重组，才能创建和升华知识。

（3）发达的智力与非智力因素

①发达的智力

智力是以抽象的思维能力为核心的综合认识能力，直接影响人的学习和工作效率，包括观察力、注意力、想象力、记忆力和思维力等。创新是智力的高级表现，只有具备高超的智力，才能系统融合知识、灵活调动各方面的能力。一般认为，积极的求异性、敏锐的观察力、丰富的想象力、独特的知识结构、灵感等是智力发达的表现。其中，创新思维能力是创新能力的关键，是创新能力最重要的主体性条件和根据，其基本特质是新颖性和独特性。创新思维是发散思维与聚合思维、直觉思维与分析思维的有机结合。因此，不断开发创新思维，对于增强创新能力具有十分重要的作用。

②非智力因素

创新型人才的非智力因素包括创新需要、创新动机、创新兴趣、创新情感和创新意志等，创新需要和创新动机是主体的内驱力，是创新活动的深层原因，它能推动和激励人们发动和维持创新活动；创新兴趣能促进创新活动的深入开展，是促进人们积极探求新奇事物的一种心理倾向；创新情感是支持人们完成创新的精神动力；创新意志是在创新中克服困难、冲破阻碍的毅力和不屈不挠的精神。

（4）强健的身体素质

只有增强身体素质，才能强化身体各部分的功能，特别是身体整个神经系统的稳定性和灵活性。创新型人才只有掌握体育锻炼和卫生保健的知识、技巧，注意增强自己的体力和体质，才能保障创新活动的顺利展开。

2.创新型人才培养对高校课堂教学的要求

（1）课堂教学的内涵

由于人们对教学的认识角度、认识方法等不同，对教学概念的解释也不尽相同。广义的教学包括自学、科研甚至生活，而狭义的教学指在某时某地发生的教学活动。通过教学，教师把人类长期实践积累的科学文化知识，有目的、有计划、系统地传授给学生，培养他们认识世界和改造世界的能力，使他们迅速成长为有社会主义觉悟的有文化的劳动者。

这些观点主要强调了学校中形态多元的教学活动必须是教师教和学生学的统一，即教学是教与学统一的活动，不能将其只看作教或者学，二者缺一都是没有意义的；强调了教师主导与学生主体的统一，教师不能代替学生成为学习的主体，学生的学也只有在教师的指导下才能更好地发展；强调了教学的全面性，教学不仅是知识、技能的传授，更重要的是学生情感的升华、品德的完善，强调教学生学会做人。课堂教学的基本组织形式是班级授课制，主要是教师和学生以课堂为主渠道，在教师的教和学生的学统一活动中，通过教材，以交流、合作等方式，达到教学目标，促进学生发展。它是一个动态、完整的过程，从教学目标的设定、教学过程的实施到教学反馈的形成，成为一个整体系统。课堂教学作为一个复杂系统，结构要素包括教学目标、教学内容、教学方法、教学环境、教学评价、教师和学生七要素。其中，学生是教学的主体，所有的教学活动都围绕学生这一主体展开，学生既是教学活动的出发点，也是教学活动的落脚点；教师在教学中起着关键作用，所有的教学要素都通过教师发挥主动性去调整，从而影响学生的学习活动，达到教学过程最优化，取得最好的教学效果。

（2）以培养创新型人才为目标的高校课堂教学的特征

高校，与大学词义相近，是指进行高等教育的机构和场所，是提供教学和研究条件的高等教育机构，包括大学、学院、高职高专等。从学校性质上讲，高等学校包括普通高等学校、成人高等学校、民办高等学校等。普通高等教育一般专指普通本专科、研究生教育，办学形式主要有普通专科、普通本科、研究生。本书中的高校主要是指本科层次的普通高等学校。通过对课堂教学的分析不难发现，高校课堂教学主要是在高等学校的课堂中进行的教学活动。在高校中，课堂教学有其明显的特征，就教学对象而言，他们是已经掌握一定知识与技能、心智素质达到最佳可塑状态的大学生，不论是自我意识的发展，还是各种能力的增强，都使其具有较强的独立性，如感觉敏锐，观察有一定的目的性和系统性，辩证是形象逻辑思维的显著性特征等。这就决定了高校课堂作为教学的主要途径，应当予以高度重视，只有提高课堂教学质量才能提高高校人才培养质量。而以高校课堂为主阵地培养创新型人才，高校课堂教学应该具有以下几方面的特征表现。

①教学目标重在培养能力

以创新型人才培养为目标的高校课堂教学，在教学目标设置上，不但能够引导学生完成认识性教学任务，如知识和技能的掌握，还注重对学生学习兴趣、内在学习动机和热情的培养和激发，引导学生形成独立发现问题、解决问题的思考力和表现力，提高学习者分析解决问题能力，发展独立思考和评价、判断能力，培养群体之间的协作等素养。另外，认真贯彻"以学生为主体"的理念并落到实处，激励学生思考、学习等能够主动达成，教师能够将"手放开"，让学生学会"独立行走"。

②教学内容重在"广博与深化"

以创新型人才培养为目标的高校课堂教学，在教学内容安排上，注重"广博与深化"相结合，学生主体既能牢固掌握、深入钻研所学专业知识内容，及时掌握本学科领域的前沿内容，与时俱进，形成独特思维，潜意识中激发自身创新能力，又可以拓宽学生的知识面。

③教学方法重在多元化

以创新型人才培养为目标的高校课堂教学，在教学方法采用上，突破传统的授受式教学方式，根据学科特点与学生素质特点进行多元化教学，如案例教学法、情境教学法等，注重对学生自学能力、研究能力、实践能力、合作精神和创新精神等方面的培养。

④教学评价重在综合化

以创新型人才培养为目标的高校课堂教学，在教学评价实施中，注重综合学生各方面的评价；在评价内容上，包括对学习者学习过程和学习结果的双重评价，注重对学习者观点生成、思维过程和问题求解的过程等多方面、多角度综合评价；在评价标准上，教师和学生共同参与制定；在实施过程中，教师评价与学生的自评、互评相结合，对学生的发展进行全方位评价；在评价方法上，采用多元化、综合化的现代评价方法。

⑤教师队伍建设重在创新性

以创新型人才培养为目标的高校课堂教学，其关键在于建立具有创新能力的教师队伍。可以说，没有一支高素质、创新型教师队伍，就培养不出一大批具有创新精神和实践能力的高素质人才。创新型教师应当具有创新意识、开放意识，具有多元合理的知识结构，以及自身在实际教学过程中表现出来的求异性、新颖性和高效性的能力，如发散思维能力、动手操作能力和教育科研能力。

（二）高校课堂教学创新型人才培养措施

1.树立创新型教学观念

观念是人们对客观事物的认识和看法，具有指导人们实践活动的作用。观念作为一种社会意识形态反映了一定社会与时代的特点和要求。随着社会的进步与发展，观念随之变化与更新，一直达到一种动态平衡状态，从而与社会发展相协调。教学观念是教育主体在教育实践的基础上产生的对教育问题的认识和看法，是建立在教学过程基础上的意识形态，实质上是教育界的"上层建筑"，是教学主体对教学各方面的理解，是一种价值倾向。它指导着人们的教育实践活动，规范着人们的教学行为。任何一种教育形态都有支持它的教学观念，"看得见的教育行为的背后都有看不见的教学观念"，教学观念决定了教师的教学方法、教学行为，决定了学生的学习方法、学习行为等。教育教学改革必须以转变教学观念为先导，这是实现高校课堂教学改革、培养创新型人才的首要问题。

（1）构建创新型人才观

人才观直接决定教育观，教育观又能反作用于人才观。在教育观系统中，它位于目标系统与方向系统的位置，对人才培养方向、未来人才衡量的标准以及教育实践、课程设置等具有导向作用。创新型人才具备良好的创新素质，表现出敏锐的观察力、思维的批判性、人格的独立性和能力的综合性等特征，这些是创新型人才观所必须重视的。

（2）构建创新型教学观

随着时代的发展与变化，传统以认知为中心的工具理性教学观逐渐暴露其局限性，教学忽视人的生命活动的生动性、复杂性等特征，而以认知的确定性代替；割裂教学与人的现实生活的联系，造成教学机械化、程式化，进而导致创新型人才培养举步维艰。因此，提高人才培养质量，必须从发展人的角度构建新型教学观，以人的生活世界为基础对象，注重动态的变化和创造，注重教学过程的生成性，关注个体差异。总之，创新型教学观是以动态的、开放的眼光看待教学。

（3）构建创新型学习观

一般认为，学习观是指学生个体对知识、学习经验的认识，也有人把它看成学生个体对知识和学习的一套认识论信念系统，它涉及对知识性质、学习性质、学习过程与学习条件等维度的直觉认识。学习观是人们对学习活动本质属性的认识和看法，对教师教学方式和学生学习方式的选择具有决定性作用，影响着教育教学效果和人才培养质量。创新型学习观作为一种科学的学习观，强调学生学习过程中的主观能动性，强调个体积极、主动地构建自身的知识结构，强调学生的创新精神和实践能力，有助于实现个体自学能力、创新能力和整体素质的共同提高。

2.设置完善的课堂教学目标

教学目标是教育教学的出发点，也是教育教学的最终归宿，它是教师对学生预期的学习成果。教学目标在整个教学活动中起着"核心"作用，即任何教学活动都围绕教学目标的实现而展开，是整个教育目标体系的重点和关键。在教学设计过程中，最为关键的工作就是确定教学目标。如果教学目标确定得不适合，再好的教学也无法满足组织者或学习者的真正需求。没有准确的教学目标，教学设计者会冒这样的风险：基于根本不存在的需要去进行教学。一般认为，教学目标可以分为两个层次：第一个层次是学科课程水平的目标；第二个层次是课堂教学水平的教学目标。具体而言，课程教学目标相对较抽象，与国家的课程观念及改革相关，制约着课程内容的选择和组织，影响课程的实施和评价，一般是由国家行政部门和专家学者制定的、针对学生的发展和某一科类的全局而提出的基本标准和要求；而课堂教学目标则是对课程目标的具体化，为指导、实施、评价教学提供依据，主要是由任课教师根据学科特点、学生特点而制定的教学依据，相对灵活，更富有实践性和操作性。

（1）教育目标的综合化

理性因素与非理性因素是现代哲学中的常用词。一般认为，理性是指逻辑思维、科学思考，而非理性则指人的直觉、意志、欲望、本能等，两者是有区别的。同时，人的意识活动是理性与非理性的统一。作为学习主体的学生，其成长与发展的过程中既有理性因素的参与，也有非理性因素的参与，这也是作为综合型、创新型人才所必需的素质。在教学过程中，理性教学目标是指学生对知识、技能的掌握和运用，非理性教学目标则认为是学习的兴趣、动机、态度和思考力、判断力与表现力，二者相辅相成，缺一不可。

①培养创新型人才应当确定理性教学目标

理性教学目标是引导学生掌握、运用学科知识和技能，培养学生创新能力的目标。学科知识是学生健康发展、学校顺利开展教育活动的基础和中介，学科知识及其内在的逻辑结构是任何教育活动组织和实施的依据。知识为创新提供了原材料，创新是知识的转化与整合。

但是知识的性质、质量不同，对学生的创新能力的影响也不尽相同，并不是所有的知识都有助于创新，都能成为创新的动力与源泉。教育教学过程中确定的理性教学目标，不仅是让学生掌握基本的学科知识，还应让其掌握高质量、有助于创新能力培养的知识，比如逻辑上有必然联系的知识，程序性而非事实性知识，以主题为中心构成的结构性知识，多方面、多类型的知识。这些目标强调知识之间的联系，学生面对问题时能够主动结合已有的知识形态，结合问题状况不断深入思考，增强了思维的灵活性，增大了创新的可能性。

②突出对学生非理性教学目标的培养

非理性教学目标是相对于理性目标而言的，主要包括兴趣、动机、态度和思考力、判断力与表现力等，反映的是创新人才发展的内在要求，是创新思维不容忽视的素质。从心理学角度讲，非理性因素主要包括意志、灵感、直觉、欲望等。

（2）重视高阶能力的培养

高阶能力是以高阶思维为核心，解决复杂问题或复杂任务的心理特征，是学习高阶知识、发展高阶思维和实现知识远迁移的能力，主要包括创新能力、决策、问题解决、批判性思维、信息素养、协作等系列能力，高阶思维是其核心。

（三）实施创新型教学方法

教学方法是指教师和学生为了达到教学目标、完成教学任务而开展教学活动的方式、途径和手段。课堂教学方法的改革是课堂教学改革的直接体现。以创新型人才为培养目标的教学方法，应当综合考虑高校培养目标、教学内容的前沿性和不确定性以及大学教学活动的特点等因素，注重对学生自学能力、研究能力、实践能力、合作精神和创新精神等方面的培养。也就是说，高校教学方法既要反映教学方法的一般要求和本质，又要体现高等教育这一特定阶段或场域的特点。因此教师进行课堂教学时，要依据每堂课构建的教学内容，选择适合提高学生学习积极性和主动性、活跃学生思维、提升学习和研究品质的教学方法，坚持教学方法的灵活性和多样性，而不拘泥于某种单一的教学方法。

1. 批判继承传统教学方法

对于传统教学方法，如讲授法，高校应采取批判继承的态度，而非全部摒弃。这是教学内容的需要，某些专业课程的教学内容决定了以教师讲授为主的传统教学方法依然是实现教学目的和完成教学内容的必备且有效的方法。高校教学活动通常以课堂教学为主，因此在课堂教学过程中，如何组织和保证教学活动的顺利进行就成为教师必须面对的首要问题。由此也就决定了教师在课堂教学活动中的主要地位和作用，对于教学内容之基本知识的传授成为高校教学活动的必要内容。对所授课程的基本原理和规则的说明和解释离不开教师的讲授分析、论证、演示以及提问等方式。因此，传统教学方法依然为保障教学活动所必需。

2. 多元组合新型教学方法

综合采用或组合新型教学方法，既可以帮助学生学习内容知识和技能，又有助于提高发散思维能力、批判思维能力和创新思维能力。在这里，主要探索了以下两种教学方法。

（1）案例教学法

案例教学法是将性质相同的情形作为一组案例，分析一类现象并从中得出一个观点，从不同角度理解某个结论普遍意义的教学方式。其关键是通过设置中心明确的案例和讲解掌控得当的方法，变授人以鱼为授人以渔，教师通过帮助学生认知解决共性问题的思路和逻辑，加深对重要观点、原理的理解并进一步就类似问题提出发散性、创造性的解决方法和方案。

案例教学法强调教师的引导作用，教师将讨论问题的范畴与概念交给学生并引导学生进行理论分析，构建解决问题的思路与框架，从而使学生系统地思考问题，真正进入创造性的学习状态。在分析事物或事件时，培养学生发现关键问题的敏锐性与洞察力，即善于从一个不经意或被人忽略的事态中感悟发现主导事物本质或决定事态走势的真正因素，是挖掘创新素质的基础，重点是要建立一个由理论指导的分析框架。在此过程中，教师发挥着重要的引导作用，要引导讨论并帮助参与者发现不同的思考问题、解决问题的路径，而教师学识、实践经验以及语言指向性等对学生潜移默化的影响巨大。通过案例教学可以让学生在复杂形势下练习自己做决策，允许学生去发现一个问题的多种处理方法及其应用情况，引导学生批判性地思考问题。案例教学法极大地调动了师生共同参与到课堂中来的积极性，彼此相互激发、相互影响。

（2）探究式教学法

探究式教学法从学科领域或现实社会中选择和确定研究主题，在教学中创设一种类似于学术（或科学）研究的情境，通过学生自主、独立地发现问题，调查、收集与处理信息，开展交流与合作等探究活动，从而获得知识与技能、情感与态度的发展，特别是探索精神的提高和创新能力的发展。探究式教学以师生平等、友好、互动的讨论和交流形式为主。探究过程中，教师旁听、引导研讨，听取学生的想法与意见，解决相关问题。探究的形式可以有多种，比如研讨会，即任课教师根据学科特征和学生情况，为学生提供相关书籍或资料，要求在规定时间内完成相关任务，在课堂上以探讨的形式进行交流。在此过程中，课堂教学主要以交流讨论或研讨的形式进行，讨论的问题具有一定的难度，并且学生在课下已经对该问题进行过思考，收集过相关资料。

在讨论过程中，教师发挥主持人、组织者和引导者的作用，教师不应简单地肯定或否定学生的意见，而是鼓励和启发学生，必要时给予及时的帮助和指导。整个过程主要由学生自己完成，以充分发挥学生的主体作用，调动学生参与的积极性，促使学生在掌握新知识的基础上获得科学研究的方法，并有效地促成学生形成主动学习和思考，提出问题、解决问题的意识与习惯，提高学生自主研究和独立探索的能力。

第五节　5G 融媒体时代下的网络与新媒体专业人才培养

2019 年 6 月 6 日，工信部向中国电信、中国移动、中国联通、中国广电发放 5G 商用牌照，标志着中国正式进入 5G 时代。5G 时代让新闻业迎来了前所未有的机遇，同时将迎来新一轮变革，5G 技术是信息技术革命的全新起点，会对传播领域、新闻传播学的学科构造带来深远的影响。

习近平总书记在网络安全和信息化工作座谈会上指出："网络空间的竞争，归根结底是人才竞争。建设网络强国，没有一支优秀的人才队伍，没有人才创造力迸发、活力涌流，是难以成功的。念好了人才经，才能事半功倍。"在 5G 融媒体时代，重点是新闻人才的竞争，高校的教学质量和教学方向在很大程度上影响着新闻工作者的职业水平。因此，提高网络与新媒体专业人才培养质量和教育水平势在必行。

一、当前高校网络与新媒体专业人才培养现状分析

新媒体形态急速崛起的时代，媒体行业遭受到前所未有的转型和变型，媒介形态的变革对传媒人才的能力结构提出新的要求。

二、5G 时代网络与新媒体专业人才培养的新举措

针对目前用人单位的需求和未来技术发展的趋势，网络与新媒体专业人才培养的改革应该主要从教学内容和教学方式两个方面着手。

（一）人才培养方案制定注重新技术

2018 年 10 月，教育部决定实施"六卓越一拔尖"计划 2.0，首次增加了心理学、哲学等人文学科，至此"新文科"成为 2018 年以来的高等教育热词。打破以往学科之间的专业壁垒，通过技术融合，给传统文科带来全新的变化和发展，符合新闻传播教育的发展方向。传统新闻行业的理论知识相对稳定，培养方案制定后可以保证学生未来 5 到 10 年的专业知识储备。随着新媒体技术的日新月异，新闻业以加速度发展，人才培养方案也需要更新迭代。

结合现在融媒体发展现状，新技术逐渐成为主流。5G 时代，未来的媒体人一定是能适应融媒体技术发展的技术性、复合型人才。为了保证学生在本科阶段紧跟时代

技术的发展，每次重新规划人才培养方案的时候，除了已有的基础课程，需结合当下技术发展，增加新的技术性相关课程。例如，华中科技大学新闻与传播学院的网络传播专业方向至今已经开办了 20 多年，其最新一版人才培养方案中强调该专业以传播学和信息学科为基础，以网络产品策划和设计为核心，以数字媒体技术为特色。为了保证学生对技术类课程的学习能力，该专业在大一和大二分别开设了微积分、概率论与数理统计、线性代数等基础数理课程。从基础到技术最终到综合开发，贯穿整个本科四年的课程始终与新技术保持紧密联系，这也为学生日后走向新媒体相关的工作岗位打下坚实的基础。再如，中国传媒大学开设了网络与新媒体专业（媒体创意方向），于 2014 年起开设数据新闻报道实验班，该班面向全校本科大二年级学生进行招生。该专业主要开设了全球新闻传播、数据挖掘处理、新兴媒体叙事技巧等课程，结合新闻学与计算科学、信息科学等多领域专业知识与实践经验，全面培养学生在数据新闻采集、挖掘、编辑及可视化呈现等各流程中的观念与技能。

（二）引入双师制教学模式

双师制教学模式即让高校教师和企业人员联合为学生授课。将企业人员引入高校，将企业总编变成高校导师，形成新的校企合作。传统的校企合作注重将学生带入企业，最后企业会变成学校的实习基地。能去实习的学生往往是大三或者大四的学生，这种校企合作模式只是提升了学生专业实践能力，而双师制是在学生的本科学习过程中全程贯穿。双师制更注重将企业导师带入课堂，利用他们丰富的业界经验为学生进行授课。企业导师的授课方式不再拘泥于传统的授课形式，可以是圆桌会议类型、讲座类型或是在线直播，充分利用当下的新媒体技术手段，不仅增加授课效率，也会提升学生的学习兴趣。例如，武汉大学新闻与传播学院开设的数字营销前沿研究是面向广播电视学专业和广告学专业的通选课，该课程邀请腾讯互娱数字营销团队进行授课。该课程共计 9 周，将新媒体营销的各个环节分解为每次授课的主题。学生在第一次上课时进行分组，准备自己小组的营销案。由企业导师负责专业知识的讲授，企业导师会对各个小组进行一对一指导，最后结课由企业导师和专业教师共同进行方案点评。这种全新的授课模式让学生对于实践类课程的认知更具有实际操作意义。

（三）通过"中央厨房"增强学生实际操作能力

《人民日报》"中央厨房"打通了"报、网、端、微、屏"各种资源，实现了全媒体传播。过去的网络与新媒体专业人才培养中，高校对于学生的实际操作能力主要集中在高年级学生，将高年级学生送到报社、电视台或是网站进行实习，低年级学生的实习经验几乎为零。进入媒体行业实习的部分学生会因分工问题，出现长期重复做相同的工作内容，这对学生的专业技能提升没有很大的帮助，而高年级学生实习结束后，对于自身不足，已经没有机会再重新回到课堂进行学习，只能依靠自主学习。新媒体技术的运用不是一朝一夕之事，所以学校需要从大一开始就为学生提供实习机会。

目前最切实有效的方式就是让学生在校内进行实习和实践，通过"中央厨房"实现新闻信息一次采集、多种生成、多元传播。目前，各大高校的校级媒体和院级媒体主要是微信公众号、微博，部分学校还拥有自己的抖音号。网络与新媒体专业的学生可以主动承担起院级乃至校级媒体的运营工作。通过"中央厨房"建构适应融媒体生产的策采编发网络，设立总编调度中心，建立采编联动平台。高年级学生主要负责新闻的调度和媒体作品质量的把关，中低年级的学生主要负责新闻的策采编，形成一种良性的老带新循环指导模式。学生从校内的"中央厨房"就开始适应未来融媒体的运营方式，这对于各个年级的学生都是非常好的锻炼机会。

（四）注重基础通识教育

通识教育起源于19世纪，是针对现代大学的学术分科过细、知识被割裂的现状而产生的，其主要目的是培养学生独立思考，对不同学科有所认识，从而可以将不同学科知识进行融会贯通的能力。自20世纪起，欧美大学广泛开设通识必修课。"互联网+"时代，网络与新媒体专业的人才培养注重技术类课程的教授，但传统的通识类课程也需要重视起来。不管未来怎么变化，传媒院系对学生的媒介基本素养的通识教育始终需要重视。但现在部分高校的人才培养方案一味求新，为了紧跟时代，丢弃了新闻类专业的基础。这会导致学生的人文基础薄弱，虽然有新媒体技术，仍然无法做出令受众满意的新媒体作品，从策划到采写能力都无法达到很好的高度。专业上的瓶颈来源于通识课程的薄弱，使学生的专业目光短浅，无法更好地进行后续的深度学习。例如，武汉大学在全校大力推广通识教育，开设人文社科经典引导和自然科学经典引导。除了这种核心基础通识课，人文社科类通识课也需要注重加强，如开设中国传统文化、现代汉语、美学鉴赏等课程。此外，部分有能力的高校在网络与新媒体专业还可以增加微积分、线性代数等数理课程，这能为学生后期的逻辑思维培养和数理统计课程的教学奠定基础。这类课程的开设可以增加学生知识的广度和深度，拓展学生视野，使学生兼备人文素养与科学素养。

三、网络与新媒体专业人才培养模式的特点与启示

国外新闻院校在课程设计和教学方法上重点培养学生的实践能力，其教学师资中有从业经验者比例也相对较高。以美国哥伦比亚大学新闻学院为例，该学院的专业设置和课程设计很有特色。

哥伦比亚大学新闻学院中与新媒体相关的专业有数据新闻（Data）和全媒体（Multimedia）。数据新闻方向主要教授两门课程 Data1 和 Data2，其中 Data1 主要讲授数据的搜集和分析，以及简单的数据可视化的呈现，类似于国内目前开设的数据搜集原理、信息可视化等课程。Data2 是 Data1 的进阶版，强调的是数据的建模，以及在做数据新闻的时候，何种数据处理效果最优，该课程对于数据的处理要求更高。

目前，国内的本科专业基本没有这么高深的数据处理类课程。哥伦比亚大学新闻学院在全媒体方向开设了 8 门课程，其中有和国内类似的数字音频和非线性编辑这种基础技术课程，写作相关的实践课程 City Newsroom，该课程是让学生实际了解纽约新闻网（NYCityLens. com），学生从新闻的采写、编辑、推送到网站的运营全权负责。全媒体技术相关的课程 Multimedia Storytelling：Covering Education，该课程主要训练学生的新闻报道能力，以及他们用视频拍摄短片的能力。Multi-Platform Design&Storytelling 则是针对移动终端的一个综合作品的呈现课程，学生不仅学习作品的呈现技巧，也会针对不同的终端学习广告投放策略等。

通过对哥伦比亚大学新闻学院课程设置的研究我们不难发现，国外的新媒体专业呈现出以下两个特点。

（一）注重数字技术

数据搜集、信息可视化呈现是未来全媒体发展的方向，网络与新媒体专业目前存在的一个问题就是课程的滞后性，虽然新技术层出不穷，但是新技术的理论基础基本是相对稳定的。数据的搜集、整理和呈现始终是数据新闻的核心，而网站建设、后台操作都离不开代码编程。哥伦比亚大学新闻学院将这些数字课程进行整理融合，而不是像目前国内的课程设置属于单一教授。这对学生的学习能力提出了更高的要求，同时解决了目前国内学生普遍存在的问题，也就是在融媒体呈现上无法做到统一规划，学生作品缺少专题性。哥伦比亚大学新闻学院的专业设置和课程设计是很值得国内高校借鉴和学习的。

（二）注重实践训练

哥伦比亚大学新闻学院将新闻写作课程直接升级为网站运营，让学生通过参与实际的网站运营来提升学生的新闻写作综合素质。将新闻课程中的策划、采访、写作全部融入实践中。未来的全媒体人才必须要有宏观意识和大局观，从本科阶段就开始建立这种全局意识，对于学生的融媒体作品选题和呈现都有极大的意义。

对于未来的网络与新媒体人才的培养，我们要不断学习和借鉴国外经验，通过课程改革，让学生学以有用、学以致用。网络与媒体专业人才培养方案的设置必须要兼顾人文和技术，坚持马克思主义新闻观，坚持正确政治方向，坚持正确舆论导向，从而培养出具有新技术知识储备、高质量专业能力的复合型新闻专业人才。

第八章　新时代高等教育实践教学展望

第一节　用五大发展理念引领高校实践育人质量提升

推进高校实践育人机制创新，提升大学生思想政治教育质量是高校思想政治教育适应国内外形势发展变化的迫切需要，也是适应高等教育内涵式发展的必然要求，更是办好人民满意的教育和履行好"立德树人"这一根本任务的重要举措。理念是行动的先导。当前，"创新、协调、绿色、开放、共享"的五大发展理念集中体现了我国事关全局、根本和长远的发展思路、发展方向、发展着力点，是对马克思主义科学方法论的创造性运用，是对中国特色社会主义发展规律认识的深化和升华，充分体现了发展的整体性、协调性、平衡性、包容性、可持续性，既对传统发展理念进行革新升级，又对现代发展内涵进行全面提升，对现代发展外延予以全方位拓展。针对高校实践育人机制运行中存在的现实短板与问题，"创新、协调、绿色、开放、共享"的五大发展理念正是补齐短板、提升实践育人质量的钥匙和指引。因此，推进高校实践育人机制的创新发展，有效提升大学生思想政治教育质量，需要以五大发展理念为引领，积极开展实践探索。

一、以创新发展为动力

创新发展是确保高校实践育人生命力的有效手段。高校实践育人就是以促进青年学生健康成长成才为价值追求，以实践活动为载体的教育活动，其最终目的是促进青年学生的全面可持续发展，其根本任务是培养能担当民族复兴大任的中国特色社会主义可靠接班人和合格建设者。这就要求高校思想政治教育工作者与时俱进，善于在深刻总结经验教训的基础上，根据"因时而进、因势而新"的发展要求，创新实践育人的内容、载体、方式方法，不断健全和完善实践育人机制，形成科学、系统、完整的实践育人体系；通过理念转变、理论创新、制度创新、方法创新和体制机制创新等引领高校实践育人工作的创新发展，有效促进大学生思想政治教育质量的提升。其中，需要把握三个原则：一是创新的方向和灵魂不能变，即坚持中国特色社会主义的道路、制度和理论体系不能变。高校实践育人的创新要牢牢把握"立德树人"这一根本任务，出实招、求实效，将提升育人质量作为实践育人创新发展的出发点和落脚点。创新不是对已然的否定或推倒重来，而是对实然的审视和对应然的执着，是在继承中创新，不能走邪路念歪经。二是创新的目的是促进高校实践育人工作的超越和深化。高校实践育人的创新发展在于如何有效激发实践主体的积极性，既要促进高校思想政治教育者对教育实践经验进行深刻解读和理念提升，又要促进高校思想政治教育者根据时代、教育对象和教育环境的变化，不断更新实践育人理念、丰富实践教育内容、改进实践教育方式、创新实践教育手段和载体，突破现有的瓶颈，实现实践教育的深化与超越。三是创新的动力源来自群众。创新发展依靠的不是某个个体，也不仅仅是高校辅导员或学生精英，而是来自群众，来自广大高校思想政治教育者和青年学生，要充分调动教育者和受教育者的主体性和能动性，让一切有利于大学生成长的智慧充分涌动。

二、以协调发展为指引

高校实践育人是一项协同育人工程，协调发展是高校实践育人运行过程中的机制要求。协调发展要求整合各方资源，注重发展的整体效能，避免发展中的"木桶效应"。这就要求高校实践育人工作注重工作的全面性、系统性、协调性。因此，高校实践育人工作需要以"协调"发展理念为引领，积极构建和完善协同育人机制。一是高校实践育人的各项工作应该目标同向、部署同步、整体谋划、系统推进。要遵循协同育人的原则，加强学校内外实践育人力量、实践主体之间的协同；既有校内各部门、各育人平台之间的协同，也有学校与学校之间，学校与政府、企事业、科研院所等部门单位之间的协同；既有实践实施单位之间的协同，也有实践主体之间的协同。二是统筹整合各方资源和力量，在工作队伍、工作平台、工作载体、工作渠道等多方面协同合作，形成多部门、多渠道育人合力。统筹协调育人格局中各要素，将各要素与实践载体有机结合，充分调动各要素的积极性、主动性和创造性，形成育人长效机制。三是补齐实践育人的短板，瞄准薄弱环节，精准发力，实现突破。协调发展并不是强调齐头并进、同步同速，而是要把握高校实践育人的发展规律和学生成长的实际情况，掌握发展节奏，宜快则快、宜慢则慢，关键是要有序、联动、协同，实现整体效能最大化。

三、以绿色发展为方向

绿色发展是高校实践育人持续健康发展的必要条件。如果说创新是聚焦发展的动力，协调是聚焦发展的平衡性，那么绿色聚焦的就是发展的可持续性。用绿色发展理念引领高校实践育人质量提升，从本质上说包含三个层面的意义：一是要将高校实践育人的内生动力与外生动力作为质量提升的根本要素。高校实践育人的内生动力主要是指实践主体的发展需要，在于实践主体的世界观、人生观和价值观是否正确，是否能以社会主义核心价值观引领自己的成长成才；外生动力主要是指影响高校实践育人的外部环境，如大学生思想政治教育的方向性要求、国家与社会对高校人才培养质量的供给侧结构性要求等。在当前的现实环境中，如何营造一个生态、良性的教育环境，促进内生动力与外生动力的协调推进，使大学生在了解世情、国情、社情、民情和追求自身成长成才的过程中，坚定道路自信、理论自信、制度自信和文化自信。二是要把促进人的全面发展作为质量提升的目标。高校实践育人的可持续发展不能背离教育的本性或初衷。实践教育从内在本质上看，还是一种教育方式，就是要围绕人，即以人为尺度、以人为目的、以人为主体开展思想政治教育实践活动；不仅需要讲究合真理性、合规律性，更要讲究合目的性、合价值性和合意愿性，要将大学生的全面发展放在第一位，努力构建青年学生可持续发展的良好实践教育生态。三是要把实践活动过程和结果的"绿色化""生态化"作为质量提升的主要途径。提升高校实践育人质量，必须树立效益意识，而不是一味追求投入，要通过科学研究来分析实践主体的特征，把握实践规律、优化实践方式、提高实践效益。当然，这里强调的并不是机械地计算投入产出比、付出与收获，而是强调准确把握实践主体的需求，使用科学的工作方法，提供高质量、高水平的实践教育服务，达到"四两拨千斤"的育人工作成效。

四、以开放发展为重点

开放发展是高等教育的发展趋势，也是大学生思想政治教育发展的必然要求。开放发展注重的是解决大学生思想政治教育发展内外联动问题。当今时代，国际化已成为世界发展的现实趋势和客观的历史进程，经济全球化、教育国际化发展迅速，社会开放程度越来越高。这既给大学生思想政治教育带来更加开放的发展环境，也给思想政治教育提出了更为严峻的挑战。高校要以开放包容的姿态，形成实践育人开放机制。因此，用开放理念提升高校实践育人质量应认真思考三个要求：一是要有开放的视野。无论是实践育人组织主体还是实践主体都应具备国际视野和世界眼光，关注国际经济社会形势和思想动态发展，比较借鉴国外先进的成功经验。二是要有开放的学科视域。不能拘泥于单一的思想政治教育学科，要以问题为导向，吸收和借鉴多学科理论和研究成果，积极探索跨学科或学科交叉的研究范式，不断引领高校实践育人质量提升。三是要具备开放的心态。高校实践育人不是一个闭合系统，而是一个以人才培养为核心的开放系统。它不是学校内部之间的资源循环，而是外向开放的教育体系。无论是教学实习、科研实验、社会实践还是创新创业，都需要实践育人组织主体加强与外部环境的联系，甚至加强国际合作。因此，要借助政府、企事业单位、学校、家庭、社会等多方力量，平等参与、充分协商，共同推动高校实践育人的机制构建和平台建设。同时，在实践过程中要有宽容失败、允许试错的心态，不断调动实践主体的积极性、主动性和创新性，让实践主体的个性得到养成和彰显，这也是马克思主义关于人的发展的终极关怀所在。需要注意的是，开放中必须有坚守，具备国际视野但要牢记育人使命，具备跨学科视野但要明确学科边界，具备开放心态但要厘清职责分工。只有这样，才能真正建立起具有世界眼光、中国情怀、时代特征的高校实践育人工作体系。

五、以共享发展为目的

共享发展是高校实践育人的本质要求。用共享发展理念引领高校实践育人质量提升，重在解决好"由谁共享""共享什么""怎么共享"三个基本问题。

"由谁共享"指的是高校实践育人的发展成果应由哪些人来共享，即共享的主体是什么。从我国现有的教育体制看，共享高校实践育人发展成果至少应包括政府、企事业单位、学校、教育者、学生、家庭和社会七个主体。高等教育的根本目的是向社会输送高质量的人才资源，满足社会发展的人才需要，推动社会的进步与发展。高校实践育人有助于解决"培养什么样的人、如何培养人以及为谁培养人"这个根本问题，这是每一个高等学校教育者的神圣职责和应尽义务。因此，高校实践育人既是高校全员育人、全过程育人和全方位育人的责任，更是高校思想政治教育者的价值体现或教育成就。高等教育质量的提升事关千家万户，事关每一个就学家庭，更重要的是直接关系到社会发展需要的人才质量。因此，提升高校实践育人质量，从共享理念看，正是政府、社会、企事业单位、学校、家庭、教育者和青年学生的共同期待。"共享什么"很显然，共享的是实践育人的优质资源，共享的是我国高等教育的优质人才培养质量，即通过推进高校实践育人的创新发展，让实践主体共享优质资源，通过加强大学生思想政治教育，进一步提高大学生的思想政治素质，促进大学生的全面发展，把青年学生培养成能担当民族复兴大任的中国特色社会主义可靠接班人和合格建设者，确保我国在激烈的国际竞争中始终立于不败之地，早日实现全面建成小康社会和中华民族伟大复兴的发展目标。"怎么共享"就是既要搭建共享平台，确保高校实践育人的公平公正，又要积极促进高校实践育人均衡发展，缩小区域差异和校际差距；既要确保实践育人覆盖到每一位学生，政策制度、平台条件等保障机制和发展成果惠及每一位学生，又要构建实践育人共享机制。高校在实践育人过程中，应秉承"协同推进、成果共享、持续多赢"的原则，协同发挥政、企、学各方优势，整合多方资源，实现实践单位与实践主体在人才、平台、成果上的多方协同共享，进而激活各方的内生动力、迸发教育活力，共同推进人才培养质量的进一步提升。

总而言之，五大发展理念是对新时期高校实践育人规律的新认识，是对新时期高校实践育人发展认识的新高度和新自觉。高校实践育人只有以五大发展理念为先导，才能破解发展难题、补齐发展短板、增强发展动力、厚植发展优势，确保实践育人取得实效，确保大学生思想政治教育质量的有效提升。

第二节　高校实践育人机制的发展探索

实践无止境，理论研究也无止境。新时代开启了青年学生社会实践的新征程，新时代也对高校实践育人提出了新使命和新要求。当前，我们站在新的历史发展方位上，既要积极解决高校实践育人机制中存在的现实短板和问题，也要主动融入未来社会为我们带来的日新月异的变化与发展，更要勇于践行新时代中国特色社会主义思想。新的历史发展时期将为我们提供广阔的实践舞台，这既是机遇，也是挑战；既是青年学生的使命，也是思想政治教育者的责任。因此，我们不仅要继续探索高校实践育人的发展规律，更要深入研究高校实践育人机制的优化与完善，要用科学的理论指导实践，用多维度的创新推动实践。

一、研究体系：多学科视角和国际化视野

高校实践育人工作将随经济社会的快速发展、人才培养的新要求和实践主体时代性的特点与时俱进，实践育人工作的推进和创新首先需要理论上的支撑和指导，这就对理论研究的创新发展提出了要求。要从多学科视野研究实践育人机制，改变一直以来的从思想政治工作视角研究实践育人。实践育人机制研究的创新既可以从学科交叉、学科融合的维度深入推进，可以将心理学、管理学、经济学、统计学等多种学科与思

想政治教育学科融合，用不同的学科视角研究实践育人机制，进而提升机制的科学性；也可以从纵向和横向的维度研究实践育人机制成效。比如，从纵向维度，通过我国高校实践育人的历史发展来研究实践育人成效的变化，探索高校实践育人机制流变的规律；从横向维度，比较我国与其他国家的实践育人机制运行情况，从国外高校实践育人的成功经验和理论体系中学习借鉴，比较我国高校之间实践育人机制的共性与个性、优势与不足等。既可以有不同类型高校之间的比较研究，也可以有同一类型不同高校之间的比较研究，或者根据区域分布、专业类型等不同维度进行横向比较研究。理论研究的创新发展将为高校实践育人构建一个具有自身特点的学科话语体系和理论支撑。它既可以属于思想政治教育学科的范畴，也可以属于高等教育学学科的范畴，还可以属于心理学或社会学等相关学科的范畴。因此，需要从不同学科的研究范式中形成一种既具有中国特色又有国际借鉴的高校实践育人研究体系。

二、动力机制：用积极体验激发主体动力

具身认知（embodied cognition）理论和积极心理学认为，人的生理体验与心理状态之间有着强烈的联系，生理体验"激活"心理感觉。这就意味着，人在实践过程中其生理体验会强化主体的态度，左右主体情绪。人在实践活动中，如果自身已有的技能水平（或能力）与外在活动的挑战性（活动目标要求水平）相符合（呈平衡状态），则将引发 Flow 体验（Flow 是一种积极情绪，表现有愉快、幸福、满意等主观体验，是意识内容与自我结构相协调的状态）。研究发现，体验到 Flow 的学生往往会对参与的活动抱以积极的态度，可以激发其参与活动的内在动机，并深化对活动的认识。心理学有关实践方面的理论对实践育人及其机制研究提供了非常有意义的借鉴价值。因此，在今后的高校实践育人动力机制构建过程中，可以引入积极教育的理念，即通过培养和提高学生的乐商（主要包括外显和潜在的积极力量），增强学生在实践活动中的积极体验，最终达成培养学生个体层面和集体层面的积极人格。这种积极体验可以让实践主体对实践活动表现出深厚的兴趣并能推动实践主体完全投入其中。实践证明，人只有在活动中感觉快乐，才会更加主动地投入实践，才会将外生动力转化为内在要求，才能更加充分地激活自身的内生动力。积极教育是应用积极心理学原理而开展的教育活动，旨在提升学生在实践活动中的积极体验或快乐感，从而让学生产生强烈的受教激情，进入从被动接受教育到主动参与活动、自主设计活动和快乐体验活动的一种良性转变过程。当前，已经有越来越多的学校引入积极教育，尤其是在中小学校已经开始打造幸福学校或快乐学校，其核心理念就是基于积极心理学的积极教育。理论

研究的创新发展必然会带来育人理念的更新或变革。在新的理论成果指导下，新的理念必将应运而生，高校又将在新的实践育人理念的引领下，不断推动实践育人工作向更高水平发展。高校实践育人机制的创新发展在某种程度上取决于实践育人理念的更新。高校思想政治教育不仅要激励学生成为当代社会所需要的人，或对当代社会有价值的人，更要引领他们成为未来社会所期盼的人，对未来有贡献的人。中国今后的发展目标是实现国家和社会的现代化，而社会现代化的前提条件是人的现代化，需要由现代人的人格来支撑。现代人除了通过现代意识教育而具有现代思维方式、现代思想理念、价值观念、行为方式，更重要的是如何拥有积极的心理，具有独立性的自由个性的人格——自由而全面地发展、幸福而快乐地工作。因此，高校实践育人理念的更新必须始终围绕着"人"这个根本，即人的发展——人的现代化。要实现人的现代化，从本源上看，应通过积极教育，着力激活实践主体的积极因素，激发实践主体的内生动力。目前，在高校实践育人的动力机制运用中，高校更多的是发挥外生动力的作用，内生动力作用的发挥显然远远不够。因此，在实践育人机制创新发展中，高校必将运用更加科学有效的原理，在尊重和满足实践主体内在需要的基础上，将积极教育引入实践育人的动力机制，刺激、调动和发挥实践主体的主体性，减少对实践主体的外部功利性驱动，注重内外动力的有机结合，引导学生潜能开发和个性的良好养成，让动力机制效能发挥出最大效能。

三、运行机制：人本化、专业化和法制化

高校实践育人的运行机制只有准确把握未来社会的发展变化才能实现有效的创新。未来社会将更加注重以人为中心的发展思想，更加注重人的自我教育机制；同时未来社会也将更多地通过科技创新，实现更大的交互平台。运行机制的创新发展主要将呈现出如下特点。

第一，凸显以人为本的柔性化运行趋向。如今的时代是人本时代，是人的主体性凸显的时代，是知识化、信息化时代，我们必须考虑：高校实践育人机制的运行主体是谁？各要素之间的结构方式怎样才合理？运行机理如何才科学？高校实践育人机制是具有属人性的，核心因素是人，机制的构成是人，机制的运行是人。因此，高校实践育人机制无论怎么发展，都需要始终坚持它的人本性，必须构建适应时代特点的因人、因地、因时、因事制宜的柔性化实践育人运行机制。运行机制的创新应该具有活性、动态性，而不应该满足于规范性、稳定性、程序性和机械性，否则会退化为僵化的机制；最富活力的运行机制应该是实践主体热情参与的机制，只有以实践主体的积极参与为原动力的机制才是富有活力、最有教育穿透力的机制。从教育角度思考，真正的教育

就是自我教育，没有教育者的教育是最好的教育。比如，既可以让学生自主设计实践活动方案，也可以由学校提供更多的方案选择，同时可以让两者结合起来，使实践活动的参与过程更加富有人性化的特点；另外，对实践活动的评价应更加注重学生的个性发展，让学生的兴趣、特长和潜能得到更多的展现。因此，从某种意义上说，高校实践育人运行机制发展的最终目标应该是营建自教育机制，这既是高校实践育人内生动力机制的要求，也是现代思想政治教育机制的基本内涵。

　　第二，共享机制和共享平台更加专业。高校实践育人实施运行过程中，建有资源共享机制，主要包括人才共享、平台共享和成果共享。这三个方面的共享还停留在以某所高校为主导的实践教育参与方的共享层面，其共享的效用和辐射面非常有限。随着互联网的快速发展和大数据时代的到来，高校实践育人机制建设将在平台建设上不断创新发展。一是共享平台将突破现有的实践主体限制，将在空间和服务对象上得到更大范围的拓展。理论上，共享平台应该在允许的范围内都能得到实践教育资源，从而避免重复建设，将有限的实践教育经费发挥出更大的效用。比如，研究型大学的优质实践资源可以让其他类型的大学共享，这将有助于全面提升我国高校实践育人的质量和水平。二是进一步发挥互联网平台的作用，建立全国性的实践育人工作网络，推动思想政治工作传统优势同信息技术高度融合，实行实践主体网络注册，实践内容和运行程序网络公开，真正实现实践育人供需双方的即时对接，切实解决实践育人供给侧结构性矛盾。通过平台的创新发展将进一步提高实践育人动力机制和运行机制的互适性，实践主体可以通过网络平台对接以满足符合自身发展需要的实践方式、实践内容和实践时间，从而有助于激发实践主体内生动力和潜能；高校可以通过网络上的数据分析社会需求和学生发展需求，以数据的形式呈现高校实践育人的内外动力要求，有助于有针对性地调整人才培养方案；同时通过网络平台将实践育人的运行环节、运行要求、运行项目、考核标准、保障条件等公开透明，进一步增强实践主体的选择性和自主性。三是通过网络平台和网络大数据，既有助于高校分析社会对人才的具体要求，也有助于高校利用网络调查问卷、网络行为数据等技术手段，及时对学生政治观点、思想动态、心理健康、学习状况、关注热点、生活需求等方面的数据进行系统采集、动态观测与综合分析。根据大数据分析的结果，既可以帮助高校在专业培养上及时调整专业设置和课程内容，也有助于引领学生的理想信念和价值追求，有效提升大学生思想政治教育的针对性和实效性，有助于提高人才培养质量。

　　第三，要加快打造实践育人的专业化队伍。高校实践育人要实现理想的育人成效，就需要提升实践育人的专业化、科学化水平。既需要有一支研究队伍在理论上做出贡献，也需要利用高校的多学科优势，在思想政治教育者队伍和其他专业教师中遴选优秀人才，建设一支实践育人工作的设计师队伍，通过专业知识研究、设计实践育人方式和运行模式，不断提高高校实践育人的专业化水平，以确保实践育人的科学性和实效性。

第四，要加快实践育人相关立法，实现保障机制的新突破。要从国家法律层面上对实践育人工作予以保障。比如，在法律层面通过立法对企业、家庭等参与方给予刚性的规定，对企业要以法律条文强制性规定其应承担实践育人的责任，改变因市场经济带来的逐利性消极影响困局，要通过法律明确要求企业为大学生提供实践基地，提供实习实践的机会；同时要通过法律明确接受大学生专业实习的相关优惠条件，如可以减免税收等。当然，法律保障的问题需要从国家层面或政府层面上来解决，高校可以从中发挥推动作用。

四、评价机制：建立综合立体多元的评价体系

科学的实践育人评价机制是检验实践育人效果的"总阀门"。评价机制的创新发展是确保高校实践育人因时而进、提升工作成效的关键。一是在评价方法上，鉴于实践活动的特殊性，应坚持定性研究与定量研究相结合的方法，通过纵向与横向两个维度进行比较分析。纵向维度主要指高校自身在实践育人过程中人才培养质量上的前后比较，反映育人成效；横向维度是指同类院校之间实践育人成效的比较。在定性分析上应明确一些可以固定的指标要求，包括实践育人组织机构、育人平台、实践教育课程、人才培养模式特色、学生思想道德素养等；定量研究的指标体系则可以通过具体数据进行监测，主要包括实践育人的学生基本数据、学生科研能力、综合素质发展、实践成果、条件保障等主要指标，指标要易于量化，主要评价学生培养质量的变化。量化指标体系可以通过建立数据库进行客观分析。二是要探索建立"标准＋特色"实践育人标准化构建模式。标准的基本要素主要应依据如何调动动力机制和运行机制的几大要素，同时可以根据各自高校的实际情况，设定特色性指标。三是评价必须由第三方社会专业机构进行，以避免实践育人关联方因体现自身工作业绩而出现弄虚作假现象，要确保评价的科学性、真实性和客观性，以及评价结果反馈的及时性，确保高校实践育人工作及时完善、不断提升。另外，高校在实践育人的实施过程中，要定期开展实践主体、实践单位对实践育人工作满意度的测评，对大学生、实践单位反馈的问题要及时跟进，建立人才培养方案与专业建设改革的倒逼机制，进而健全教育质量的评价体系。

参考文献

[1] 张正威. 高校社会工作专业的建设与发展 [M]. 长春：吉林出版集团股份有限公司，2022.

[2] 李志河. 高校教师教学学术水平评价体系研究 [M]. 北京：科学出版社，2022.

[3] 彭安臣，王正明. 从分离到融合中国高校实践教育的创新发展 [M]. 北京：中国社会科学出版社，2022.

[4] 陈卓. 现代高校教师教学能力提升策略研究 [M]. 北京：中国纺织出版社，2022.

[5] 朱笑荣. 高校教师教学改革创新与发展研究 [M]. 长春：吉林大学出版社，2021.

[6] 高健磊. 新时期高校管理与发展路径探索 [M]. 北京：中国政法大学出版社，2021.

[7] 薛明明，张海峰. 高校教学管理及教学质量保障体系的建设与探索 [M]. 北京：九州出版社，2021.

[8] 王芳. 高校教师发展与教学改革研究 [M]. 长春：吉林教育出版社，2020.

[9] 祝朝伟. 高等教育教学改革研究（第七辑）[M]. 成都：四川大学出版社，2020.

[10] 姚文韵. 人才培养与教学改革 [M]. 南京：江苏人民出版社，2019.

[11] 丛红艳，房玲玲. 高校教学改革与文化的融合创新研究 [M]. 长春：吉林人民出版社，吉林出版集团股份有限公司，2019.

[12] 张琄玡. 应用型地方本科高校教师教学能力发展研究 [M]. 长春：吉林大学出版社，2019.

[13] 唐大光. 专业发展视角下高校教师教学的理性思考 [M]. 长春：吉林科学技术出版社，2019.

[14] 斉春妮. 互联网时代的现代教育技术教学改革 [M]. 北京：中国书籍出版社，2019.

[15] 宁钢，冯浩. 人才培养与教学改革 [M]. 南昌：江西高校出版社，2018.

[16] 靳占忠，王同坤. 高等教育教学改革研究 [M]. 秦皇岛：燕山大学出版社，2018.

[17] 张晶. 评估视域下高校教学建设与发展 [M]. 合肥：安徽大学出版社，2017.

[18] 马廷奇. 高等教育教学改革与质量保障 [M]. 武汉：武汉大学出版社，2017.

[19] 许传久. "互联网 +" 背景下高校教学的改革与发展 [J]. 学园，2019（11）：99-100.

[20] 黄智 . 论新时期高校教学改革的发展趋势 [J]. 华章，2012（26）：165.

[21] 彭永渭，黄白 . 我国高校教学改革的发展趋势 [J]. 高等师范教育研究，1991（4）：40-53.

[22] 吴骏青 . 新时期高校教学改革的发展趋势探微 [J]. 新课程研究（新教师教学），2015（28）：155.

[23] 胡杨，宋伟 . 大众化教育背景下地方高校教学的改革与发展 [J]. 品牌研究，2015（5）：227.

[24] 田春雨，薄海美，高月春 . 加强高校立体化教材建设推进高校教学改革发展 [J]. 河北联合大学学报（医学版），2015（5）：157-158.

[25] 王婉 . 探究高校教学管理的改革与发展 [J]. 太原城市职业技术学院学报，2021（7）：78-80.

[26] 刘迪 . 高校教学管理的改革与发展探讨 [J]. 赢未来，2021（15）：4-5.

[27] 王鑫磊 . 教育信息化与高校教学改革研究 [J]. 文化产业，2021（6）：149-150.

[28] 龚端悦 . 基于新媒体的高校教学改革 [J]. 西部素质教育，2020（12）：136-137.

[29] 邱荷 . 幸福教育理念下的高校教学改革 [J]. 黑龙江教师发展学院学报，2020（9）：1-4.

[30] 杨志忠 . 高校教学改革的总体思路及策略分析 [J]. 长江丛刊，2020（8）：116-117.